WerkstattLiteratur

Herausgegeben von
Rainer Siegle und Jürgen Wolff

Claudia Tatsch
Karin Tatsch

Philip Ridleys „Sparkleshark“

Jugendtheaterstück mit Ideen zur Erarbeitung

Ernst Klett Verlag
Stuttgart Düsseldorf Leipzig

Die Aufführungsrechte für das Theaterstück „Sparkleshark“ von Philip Ridley können erworben werden von der S. Fischer Verlag GmbH, THEATER & MEDIEN, Hedderichstr. 114, 60596 Frankfurt/M.

Gedruckt auf Papier aus chlorfrei gebleichtem Zellstoff, säurefrei

1. Auflage A 1 5 4 3 2 1 | 2005 2004 2003 2002 2001

Alle Drucke dieser Auflage können im Unterricht nebeneinander benutzt werden, sie sind untereinander unverändert. Die letzte Zahl bezeichnet das Jahr dieses Druckes.

Internetadresse: http://www.klett-verlag.de

Redaktion: Nicole Brandau, Renate Schult
Umschlag: Axel Reis, Stuttgart
Satz: Hahn Medien GmbH, Kornwestheim
Druck: Druckhaus Götz GmbH, Ludwigsburg
ISBN 3-12-306530-8

9 783123 065309

Inhalt

**Der Philosoph Aristipp von Kyrene (ca. 435–355 v. Chr.)
soll einem Vater auf die Frage,
welche Vorteile der Unterricht seinem Sohn bringe,
geantwortet haben: „Selbst wenn sonst gar nichts dabei
herauskommen sollte, so wird er doch wenigstens
im Theater künftig nicht mehr wie ein Stein
auf dem andern herumsitzen."**

Vorbemerkungen

SPARKLESHARK – ein merkwürdiger Name für ein Theaterstück?! Die Auskunft, die das Wörterbuch gibt, hilft auch nicht (viel) weiter: „sparkle“, „shark“ sind nämlich zu übersetzen mit „glitzern“, „Hai“. Ein Theaterstück für Jugendliche, in dem es um einen Glitzerhai geht? Oder ein Märchen für Kinder?
Tatsächlich überlagern sich in **SPARKLESHARK** Wirklichkeit und Fantasie. Aber erlebst du nicht auch „im Alltag“, dass sich vor das, was du siehst, ein Traumbild schiebt, ein Bild, das nur **in** dir besteht? Verdrängen lässt sich die Wirklichkeit um dich herum dadurch nicht, verändern auch nicht - oder doch?
Dieser Frage nachzugehen möchten wir dich einladen. Wir haben in diesem Heft Ideen zusammengestellt, die ganz unterschiedliche Wege aufzeigen zu **SPARKLESHARK**: um sich mit dem Text, mit dem Thema, mit Inszenierungsmöglichkeiten auseinander zu setzen und um Antworten auf eben diese Frage zu finden.
Die Vorschläge, die du auf den folgenden Seiten findest, erfassen nicht den gesamten Text von **SPARKLESHARK**, sondern beziehen sich auf einzelne Textstellen. Auch wenn wir es nicht jeweils ausdrücklich als Aufgabe formuliert haben, gehen wir davon aus, dass du die Seiten „zwischen“ den ausgewählten Textstellen liest, entweder als Vorbereitung für den nächsten ausgearbeiteten Vorschlag oder als Nacharbeit - sozusagen um die „Lücken zu füllen“. Spätestens bei Vorschlag 11 wird die Gesamtlektüre vorausgesetzt bzw. benötigt.

Wir danken den Schülerinnen und Schülern der Ohmtalschule Homberg und Kristina Lieschke, Hessisches Landestheater Marburg, für ihr Engagement.

Philip Ridley: Sparkleshark (Theaterstück)

PERSONEN

JAKE
POLLY
NATASHA
CAROL
RUSSELL
BUZZ
SPEED
SHANE
FINN

„Wir werden nicht mit Gewehren kämpfen,
wir werden nicht mit Bomben kämpfen,
wir werden mit dem Einzigen kämpfen,
wovon wir mehr haben – mit unserem Geist.“

(*aus* MIS-SHAPES von Pulp)

Das Dach eines Hochhauses im Londoner East End. Viele Fernsehantennen und Satellitenschüsseln, eine große Pfütze, ausrangierte Möbelstücke, Müllhaufen und allerlei verstreuer Abfall.
Ein paar Metallstufen führen vom eigentlichen Dach zu einer winzigen, erhöhten Plattform. Von hier führt eine Tür zur Notausgangstreppe; sie ist der einzige Zugang zum Dach.
Es ist ungefähr halb fünf am Nachmittag. Mitte September. Trübes Wetter.
JAKE betritt die Plattform. Er ist vierzehn Jahre alt und schmächtig. Er hält einen Schulranzen umklammert. Seine Schuluniform ist abgetragen, aber sauber und ordentlich; er trägt eine Brille, deren linkes Glas einen Sprung hat und die mit Klebeband zusammengehalten wird. Sein Haar ist ordentlich geschnitten.
JAKE steigt die Metallstufen herunter und betritt das Dach; er setzt sich in einen alten Sessel. Er kennt sich hier aus und fühlt sich in dieser Umgebung ‚zu Hause'. Ein Ort, an dem er oft ist – sein geheimer Schlupfwinkel.
JAKE holt ein Notizbuch aus dem Ranzen und liest; er nickt, murmelt in Gedanken vor sich hin. Dann nimmt er einen Füller aus der Innentasche und schreibt.

JAKE: Riesen … fisch! Riesenfisch! … Nein, nein.
Reißt die Seite aus dem Notizbuch, zerknüllt sie und wirft sie weg.
Beginnt auf dem Dach auf und ab zu laufen, während er weiterschreibt.
Glitzer! Glitzerpiranha! … Nein, nein.

POLLY tritt auf. Sie ist vierzehn und trägt die gleiche Schuluniform wie JAKE. Nur hat sie natürlich einen Rock an statt der Hose und ihre Uniform ist nagelneu. Sie hat ziemlich langes Haar, das aber durch ein elastisches Band streng zusammengehalten wird. Sie hält einen winzigen Werkzeugkasten in beiden Händen.
POLLY beobachtet JAKE von der erhöhten Plattform aus.

JAKE: Hai! Ja! Hai … Glitzer –
Wendet sich um und sieht POLLY. JAKE stößt einen überraschten Schrei aus und lässt das Notizbuch fallen. Lose Blätter flattern zu Boden.

POLLY: O je, das tut mir Leid.
JAKE beginnt die Blätter aufzusammeln.
POLLY kommt die Metallstufen herab und hilft ihm.

JAKE: Lass nur.

POLLY: Ist doch selbstverständlich.
Fischt ein Blatt aus der Pfütze.
Das hier ist etwas aufgeweicht. Kann's kaum lesen.
JAKE schnappt es ihr weg.

JAKE: Nicht! Das ist … es ist etwas Persönliches. Du kannst doch nicht einfach hier oben auftauchen und so mir nichts, dir nichts, meine Sachen lesen! Pass doch auf! Jetzt trampelst du auch noch auf einem rum! Mit der Schuhgröße solltest du im Zirkus auftreten. Was machst du überhaupt hier oben? Das ist **mein** Platz! Geh weg!

Pause

POLLY: Ich will dir nur drei Dinge sagen. Erstens: Was ich hier oben mache, geht dich gar nichts an. Zweitens: Das Dach ist nicht dein Privateigentum, oder hast du vielleicht eine Spezialklausel in deinem Mietvertrag? Die möchte ich sehen. Und drittens: Ich finde es seltsam, dass jemand, der so zauberhaft schreiben kann, dermaßen gehässig daherredet … So, ich habe was zu erledigen, danach verschwinde ich. In der Zwischenzeit wär ich dir sehr dankbar, wenn du mich nicht mehr ansprechen würdest.

Geht zu einer Satellitenschüssel, die am Rand des Daches befestigt ist. Sie öffnet die Werkzeugkiste, nimmt einen Schraubenzieher und beginnt, wenig fachmännisch, herumzufummeln.

Pause

JAKE: Findest du es wirklich zauberhaft?

POLLY: Was?

JAKE: Wie ich schreibe.

POLLY: Teilweise.

Pause

JAKE: Ich habe mich gefragt, wem die Schüssel gehört.

Pause

Ich heiße Jake.

POLLY: Weiß ich.

JAKE: Woher?

POLLY: Na, hör mal – du hast doch Augen im Kopf! Also?

Deutet auf ihre Schuluniform.

JAKE: Du gehst auf meine Schule!

POLLY: Die letzte Woche angefangen hat.

JAKE: Hab dich noch nie gesehen.

POLLY: Kein Wunder. Du versteckst dich ja immer zwischen den beiden Mülltonnen hinten auf dem Schulhof.

JAKE: Es gefällt mir dort.

POLLY: Aber da muss es doch ziemlich … na ja, stinken?

JAKE: Davon merkt man nichts mehr, wenn man erst ein paarmal tief Luft geholt hat.

FINN: *(off)* AAARRCHHHNAAAHHH!

POLLY lehnt sich über den Rand des Daches.

POLLY: Okay, Finn! Sag, mir, wenn es besser wird.

FINN: *(off)* AAARRCHHHNAAAHHH!

POLLY fummelt weiter an der Satellitenschüssel herum.

JAKE: Diese … diese Stimme! Die hab ich schon mal gesehen. Ich meine, ich hab gesehen, wem sie gehört. Der ist seit letzter Woche in meiner Klasse.

POLLY: Das ist mein Bruderherz.

JAKE: Bruderherz! Er … er ist ein Riese! Er hat zwei Pulte gepackt. Mit jeder Hand eins. Und sie hochgestemmt. Über den Kopf.

POLLY: Das hast sogar du merken müssen.

JAKE: Die Lehrer wollen jetzt schon, dass er fliegt. Alle Jungs haben Angst vor ihm. Sie nennen ihn das Monster.

POLLY: Er ist kein Monster! Jeder nennt ihn so! Überall, wo er auch hinkommt! Aber er ist keins! Er ist ganz sanft! Er weint leicht, damit du's weißt!

FINN: *(off)* AAARRCHHHNAAAHHH!

POLLY: *(ruft)* Okay, Finn! *(Zu JAKE)* Es wird besser.

JAKE: Du verstehst ihn?

POLLY: Für dich klingt es vielleicht wie sinnloses Gestammel, aber glaub mir, wenn man erst mal hinter die Feinheiten kommt, entsteht eine sehr subtile Kommunikation.

FINN: *(off)* AAARRCHHHNAAAHHH!

JAKE: Subtil? Das?

POLLY: Na ja, er hat schlechte Laune. Verpasst gerade seine Lieblingssendung. Die mit den echten Unfällen. Kennst du die? Hausfrauen, die sich mit einem unberechenbaren Fön selbst in Brand stecken –

FINN: *(off)* AAAH!

POLLY: Okay, Finn! – Und jeder sieht sich diese Sendungen an, weil sie angeblich so lehrreich sind –

JAKE: Aber in Wirklichkeit wollen alle nur sehen, wie jemand von den Rotorblättern eines Hubschraubers geköpft wird.

POLLY: Genau.

FINN: *(off)* AAAH!

POLLY: Danke, Finn! – Das wär's! Jetzt wird er sich beruhigen Das Bild ist scharf. Na ja, so scharf es eben geht mit so einer Ausrüstung.
Packt ihr Werkzeug zusammen.
Dad hat die irgendwo billig bekommen. Bin sicher, es fehlen ein paar Teilchen. Die halbe Gebrauchsanweisung hat gefehlt. Hab echt keine Ahnung, was ich hier tu – verstehst du was davon?

JAKE: Genau weiß ich nur, dass die Schüssel auf einen Satelliten da oben gerichtet sein muss.

POLLY: Vielleicht sollte ich sie höher anbringen – oh!

JAKE: Was ist?

POLLY: Ein toter Vogel … armes Ding. Noch ein Küken. Muss aus einem der Nester gefallen sein.
Betrachtet den toten Vogel näher.
Nur lila und purpur. Kleiner gelber Schnabel. Komm, sieh ihn dir an.

JAKE: … Lieber nicht.

POLLY: Er beißt nicht.

JAKE: Das ist es nicht … Aber man kann mich sehen, hier oben. Vom Bolzplatz aus.

POLLY: Es ist niemand auf dem Bolzplatz.

JAKE: Es könnte aber jemand kommen. Jeden Moment. Wenn er mich sieht – ach, das verstehst du nicht.

POLLY: Versuch's doch mal.
Pause

JAKE: Es ist wegen Russell –

POLLY: Dem Turbo-Traumboy?

JAKE: Turb – **was**?

POLLY: Das steht doch überall in den Toiletten: ‚Mach hier dein Kreuzchen, wenn du findest, dass Russell ein Turbo-Traumboy ist.'

JAKE: Wette, die Wand ist übersät mit Kreuzchen.

POLLY: Alle lieben ihn –

JAKE: Liebe! Ich zeig dir mal, was dein ach so toller Turbo-Dingsbums getan hat – komm her! Komm schon!
POLLY geht zu JAKE.
Fühl mal!
Deutet oben auf seinen Kopf.
Behutsam fühlt POLLY.

POLLY: Oh! …

JAKE: Das war ein Ellbogen
(Rollt ein Hosenbein hoch.)
Und hier!

POLLY: Schön bunt.

JAKE: Ein Fuß! – Und sieh mir in die Augen. Ist das linke ein bisschen blutunterlaufen?

POLLY: … Ja.

JAKE: Eine Faust!
Kleine Pause

POLLY: Der Turbo-Traumboy?

JAKE: Bingo! – Moment mal! Du hast ein Kreuzchen gemacht! Du magst ihn!

POLLY: Ich weiß nicht, ob ich ihn **mag** –

JAKE: Du hast ein Kreuzchen gemacht!

POLLY: Ja, ich habe ein Kreuzchen gemacht! Neulich hat er auf dem Sportplatz sein Hemd ausgezogen, und – ja, ich geb's zu – ich fand's prickelnd.

JAKE: Dieses Tier!

Pause

POLLY: Tut mir Leid, dass er dich schikaniert. Russell ist ein mieser Typ. Stimmt schon, was meine Mom immer über Dad gesagt hat: ‚Die schlimmsten Geschenke sind am schönsten verpackt.'

Kleine Pause

JAKE: Muskeln! Wozu sollen die gut sein? Ich hab keinen Bock auf sechstausend Kniebeugen am Tag. Es ist mir egal, wenn ich nicht prickelnd bin –

POLLY: Bist du aber! Zumindest – für mich.

JAKE: … Wieso?

POLLY: Deine Geschichten.

JAKE: Was weißt du von meinen Geschichten?

POLLY: Neulich … als ich die Satellitenschüssel anmontiert habe – bestimmt total verkehrt – hab ich das hier entdeckt …

Holt mehrere zusammengefaltete Blätter aus der Tasche.

Tut mir Leid, tut mir Leid, ich weiß, ich hätte das nicht tun dürfen. Aber …, o Jake, das hier ist großartig. Wenn ich das lese, dann … dann prickelt es mehr, als wenn tausend Russells mir tausend Waschbrettbäuche zeigen.

Pause

JAKE: Siehst du die Hochhäuser? Da drüben! Ich stelle mir vor, es sind Berge! Und andere Wohnblocks – so wie der da – das können Schlösser sein. Oder Berge. Kommt auf die Geschichte an. Und … die Fernsehantennen. Die sind ein Wald. Ich … ich arbeite an einer neuen Geschichte. Weiß noch nicht, worum es geht. Aber ein Drache wird darin vorkommen. Ein Drache mit einem Kopf wie … wie ein riesiger Piranha. Oder Hai. Und seine Haut glitzert total. Sie funkelt –

POLLY: Wie Pailletten!

JAKE: Genau! Ich suche gerade nach einem Namen für den Drachen. Ich dachte an so was wie … Glitzerhai.

POLLY: Das ist es nicht ganz.

Kleine Pause

Haiblinken!

JAKE: Nein.

NATASHA tritt auf. Sie ist fünfzehn, und obwohl sie die gleiche Schuluniform anhat wie Polly, ist ihr Rock viel kürzer, die Bluse leuchtend rosa und offen bis zum Busen und sie trägt Stöckelschuhe. Sie ist stark geschminkt und ihr Haar, obwohl nicht lang, schreit geradezu nach Aufmerksamkeit. Anstelle eines Ranzens hat sie eine mit Goldpailletten besetzte Handtasche.

NATASHA beobachtet JAKE und POLLY.

POLLY: Fischblinken – o nein! Das war total daneben!

POLLY und JAKE wenden sich um und sehen NATASHA. Sie schreien überrascht auf.

Natasha! Wie kommst du denn hierher?

NATASHA: Wie? – Ach, nach der Schule schnupper ich gern ein bisschen Höhenluft. Was meinst du wohl, wie ich hergekommen bin, du blöde Kuh? Ich bin die Scheiß-Treppe hoch. Vor den obersten zwei Stockwerken müsste eigentlich eine Warntafel vom Gesundheitsminister hängen. Und ich hab geglaubt, es gäbe nichts Schlimmeres als die Jungstoilette auf der Schule.

Holt Parfüm aus der Handtasche und sprüht sich ein.

POLLY: Woher wusstest du, dass ich hier oben bin, Natasha?

NATASHA: Dein Bruder hat es mir gesagt. Na ja, ‚gesagt' ist vielleicht etwas übertrieben. ‚Wo ist Polly, Finn?' ‚Uuuchhh!' *(Deutet nach oben)* ‚Was? Ist sie in ihrem Zimmer?' ‚Uuuchh!' *(Deutet nach oben)* Schließlich kam ich dahinter: Er meint entweder im Himmel oder auf dem Dach.

Entnimmt ihrer Tasche Lippenstift und Puderdose und beginnt ihr Make-up aufzufrischen.

Und, Polly, sei mir nicht bös – aber dein Bruder stinkt. Seine Haare sind in einem Zustand, der gesetzlich verboten sein müsste. Und erst sein Atem! Puh! Der wirkt auf zwanzig Meter wie Nagellackentferner.

Will die Stufen herunterkommen.

POLLY: Was willst du hier, Natasha?

NATASHA: Ach, komm, fang nicht schon wieder an! Hilf mir lieber, Pol.

POLLY hilft NATASHA herunter.

POLLY: Du solltest vernünftige Schuhe tragen.

NATASHA: Kein Mädchen trägt Schuhe, um vernünftig zu sein.

POLLY: Sie tragen sie, um Blasen zu kriegen, ja?

NATASHA: Wer schön sein will, muss leiden. – Also, Pol, rasch. Auf ein Wort.

Nimmt POLLY beiseite.

Wir haben es offenbar mit Alarmstufe gelb zu tun.

POLLY: Alarmstufe gelb?

NATASHA: Stell dich nicht dümmer als du bist, kleines Fräulein. Erinnere dich. Dein erster Schultag. Du stehst ganz allein auf dem Schulhof rum. Du bist den Tränen nahe –

POLLY: Gar nicht wahr!

NATASHA: Wer hat dich da vor dem totalen Gesichtsverlust bewahrt?

POLLY: Du hast mir deine Freundschaft angeboten, wenn du das meinst.

NATASHA: Und weißt du, warum? Weil ich unter dieser total ätzenden Oberfläche dein wahres Ich erkannt habe. Eine Polly, die bis zum Halbjahreszeugnis mit meiner Hilfe und gründlich umgestylt –

POLLY: Ich will nicht umgestylt werden!

NATASHA: Halt die Klappe! Was hab ich dir an diesem ersten Tag gesagt? Pass auf, mit wem du sprichst. Frag mich, wer in ist, wer out. Hab ich das gesagt oder nicht?

POLLY: Ja.

NATASHA: Warum dann der Spasti?

POLLY: Er ist kein Spasti! Er ist sehr nett!

NATASHA: Alarmstufe dunkelgelb! Nett hat damit nichts zu tun. Das ist, als ob man jemand nett findet, der die Masern hat. Das spielt keine Rolle. Spastis sind ansteckend! Also, verschwinden wir von hier, und zwar pronto –

POLLY: Ich mag Jake.

NATASHA: Alarmstufe rot! Pol, noch ehe das Schuljahr um ist, wirst du dich zwischen den Mülltonnen verstecken.

POLLY: Das ist mir egal! Er ist mein Freund. Und wenn du das nicht akzeptieren kannst, dann …, na ja, dann bist du eben nicht die interessante, warmherzige, reife Persönlichkeit, für die ich dich gehalten habe. Die von innen so schön ist wie von außen.

Pause

NATASHA: Hiya, Jake.

Pause

Ich trag meine Haare jetzt anders. Hab sie mir schneiden lassen in den Ferien.

POLLY: Du redest immer nur von dir. Interessier dich mal für **ihn**.

Kleine Pause

NATASHA: Also, Jake … Wie findest **du** meine neue Frisur?

POLLY: **So** hab ich das nicht gemeint!

NATASHA: Ach, ich geb's auf!

JAKE: Früher hat's besser ausgesehen.

Kleine Pause

Dein Haar. Als es länger war. Stand dir wirklich gut.

POLLY: Jake, ich glaube nicht –

NATASHA: Lass ihn ausreden.

Kleine Pause

JAKE: Jeden Tag hattest du's ein bisschen anders. Mal so rübergekämmt. Mal so. Aber egal wie, es war immer … ah, so perfekt. Ein richtiges Kunstwerk. Die Mühe, die dahinter steckte.

NATASHA: Stunden, das kannste mir glauben.

JAKE: Und du trugst Haarspangen. Meine Lieblingsspangen! Die mit den gelben Blumen.

NATASHA: Die mag ich auch am liebsten, Jake. Ich hab sie noch.

Sucht in ihrer Handtasche.

JAKE: Aber so kurz … es ist, als hättest du einen Teil deiner selbst verloren. Sogar dein Make-up sieht anders aus.

POLLY: Schluss jetzt mit dem Geflirte.

NATASHA: Er flirtet nicht. Ein Mädchen könnte das genauso gesagt haben. Vor allem ist er der Einzige, der den Mumm hat, die Wahrheit zu sagen. Die langen Haare standen mir besser.

Findet die Haarspange.

Jake?

JAKE: Das ist sie.

NATASHA: Die kann ich jetzt nicht mehr tragen.

Kleine Pause

Willst du sie haben, Pol?

POLLY: … Ich?

JAKE: Du könntest sie tragen.

NATASHA: Der Fachmann spricht.

POLLY: *(nimmt die Haarspange)* Tasha, du weißt, ich kann so was nicht …

NATASHA: Was ist dabei, wenn man das Beste aus seinem Typ macht, Pol?

Kleine Pause

Ab und zu … muss man sich zum Ausdruck bringen. Nicht alles in sich verschließen … Sonst … explodiert man irgendwann.

JAKE: Es ist doch nur eine Haarspange.

POLLY: Erzähl das mal meinem Daddy.

NATASHA: Daddys! Daddys! Daddys! Was hab ich dir gesagt, Pol? Das darf dir nichts ausmachen. Er soll dir den Buckel runterrutschen. Wie mir der meine.

JAKE: Was stört dich an deinem Daddy?

Kleine Pause

NATASHA: … Er spricht kaum ein Wort mit mir.

JAKE: Warum nicht?

NATASHA: Er … mag mich einfach nicht mehr, glaub ich. Wenn ich ins Zimmer komm, schaut er glatt durch mich hindurch. Oder, schlimmer noch, als ob ich mir einen Hundehaufen über die Stirn geschmiert hätte. Ah, ich weiß, was er denkt. Was er von mir denkt. Ich lag

im Krankenhaus, wisst ihr, letztes Schuljahr. Kurz vor den Sommerferien. Eine ganze Woche. Ratet mal, wie oft Daddy mich besucht hat …
Kleine Pause
Alter Hut. Nichts Neues. Kennt man ja. Längst darüber hinweg.

CAROL tritt auf. Sie ist vierzehn Jahre alt, und obwohl sie ihre Schuluniform in NATASHAS Stil trägt – kurzer Rock, bunte Bluse (zitronengelb), Stöckelschuhe, goldene Handtasche etc. –, kann sie nicht ganz mithalten. Nichts will ihr so recht passen; und wenn es das täte, wären da immer noch ihre Verlegenheit und Unsicherheit.
CAROL ist etwas außer Atem und hält sich am Treppengeländer fest.

NATASHA: Ich hab doch gesagt, du sollst unten warten, kleines Fräulein.

CAROL: Du hast nicht gesagt … wart 'ne Million … Jahre, meine ich. Oder? Ich kann viel ertragen, Polly, ehrlich. Deinen Bruder, der die Currysoße von gestern Abend ausdünstet. Sogar seine Fürze der Stärke sieben auf der Richterskala ertrage ich. Aber wenn er anfängt sie anzuzünden, also dann reicht's mir. Was machst du überhaupt hier oben? *(Sieht JAKE)* Alarmstufe gelb! – Spasti!

POLLY: So darfst du ihn nicht nennen!

CAROL: Alarmstufe dunkelgelb!

POLLY: Er ist mein Freund!

CAROL: Alarmstufe rot!

NATASHA: Und meiner!
Pause
CAROL spielt mit dem Gedanken, die Stufen herunterzukommen.

NATASHA: Lass uns in Ruhe, Carol.

POLLY: Vielleicht sollten wir alle besser gehen –

NATASHA: Kommt überhaupt nicht in Frage, Polly. Es fing gerade an, Spaß zu machen. Carol, verpiss dich!

CAROL: Ich war eher deine Freundin! Vor ihr! Hilf mir runter.
Kleine Pause
Du kannst mich nicht einfach abschieben.

NATASHA: Verzieh dich!
CAROL fängt an zu weinen.
Pause
JAKE geht zu CAROL. Er hilft ihr die Stufen herunter.
Für die Folgen stehst du gerade, Jake.
CAROL hat das Dach erreicht. Sie lächelt JAKE flüchtig zu, dann sieht sie sich auf dem Dach um.
Das Niveau der Unterhaltung wird schneller sinken als Carols Höschen in der Jungstoilette.

CAROL: Was bist'n so'n gemeines Miststück die ganze Zeit?

NATASHA: Wegen dir! Du machst mir alles nach! Egal, was ich tue, du kopierst es. Scheiß-Fräulein Möchtegern. Ich kauf mir Stöckelschuhe, du ebenfalls –

CAROL: Du hast die Scheiß-Stöckelschuhe nicht erfunden!

NATASHA: *(zeigt auf ihre Handtasche)* Ich kauf mir die da. Prompt, am nächsten Tag – oh, Überraschung, Überraschung –

CAROL: Die gab's im Ausverkauf!

NATASHA: Ich komme mit 'ner knalligen Bluse –

CAROL: Meine ist zitronengelb!

NATASHA: Weil sie in frosty pink keine mehr hatten. Sogar die Haare hast du dir schneiden lassen, genau wie ich.

CAROL: Das wollte ich schon seit einer Ewigkeit.

NATASHA: Du lügst!

CAROL ist jetzt bei POLLYS Satellitenschüssel.

POLLY: Vorsicht mit der Schüssel, Carol.

CAROL: Dann erklär mir mal, Fräulein O-wie-toll. Wenn du so was verdammt Besonderes bist, warum hat Shane dich dann fallen lassen?

Kleine Pause

NATASHA: Shane hat mich nicht fallen lassen.

POLLY: Wer ist Shane?

JAKE: Ist letztes Jahr von der Schule ab. Warum hat Shane dich fallen lassen?

NATASHA: Hat er nicht. Ich ihn.

CAROL: Warum dann das Geflenne der Stärke acht auf der Richterskala?

NATASHA: Das Geflenne galt nicht ihm.

CAROL: Da hast du mir aber was anderes erzählt.

NATASHA: Meinst du, dir erzähl ich die Wahrheit, Miss Internet?

JAKE: Warum solltest du einen wie Shane fallen lassen? Er ist so … du weißt schon.

NATASHA: O ja, ich weiß, Shane der Versonnene. Shane der Coole. Shane der Komm-wir-streichen-mein-Schlafzimmer-schwarz. Shane der Immer-wenn-ich-es-statt-habe-ramme-ich-mir-einen-Zirkel-durch-die-flache-Hand. Mal ehrlich! Sieht mir das ähnlich?

CAROL: Du hast gesagt, du stehst auf so was.

NATASHA: Das mit den Jungs ist kompliziert. Das wirst du erst verstehen, wenn du selber einen Freund hast.

CAROL: Ich habe einen Freund!

NATASHA: Das bisschen Mandelpingpong ist was ganz anderes als einen Freund haben.

CAROL: Er hat nur noch Augen für mich.

NATASHA: Ach, du lieber Himmel, Carol, bist du wirklich so ahnungslos? Hör zu, woran merkst du auf einer Fete, wer von den Jungs auf dich abfährt? Und zwar total, total auf dich abfährt? Es ist der, der dich **nicht** ansieht. ‚Hat nur noch Augen für mich'! – Herrje! Weißt du, was dein göttlicher Russell dem wunderbaren, versonnenen Shane gesagt hat, was es war, dich zu küssen? Ein Almosen!

CAROL: Du lügst!

NATASHA: Frag ihn doch selber.

CAROL: Das werde ich!

Beugt sich über den Rand des Daches.

Russell!

JAKE: Nein, nicht!

NATASHA: Die blufft nur.

CAROL: *(ruft)* Hier oben! Mit Natasha!

JAKE: Nein! Er spielt da unten!

POLLY: Auf dem Bolzplatz!

CAROL: Er kommt!

POLLY: Versteck dich, Jake.

CAROL: *(bei NATASHA)* Und er ist nicht allein.

JAKE sieht sich nach einem Versteck um.

NATASHA: Buzz und Speed sind immer bei ihm.

CAROL: Nicht bloß Buzz und Speed.

NATASHA: … Shane?

CAROL lacht begeistert.

JAKE findet kein Versteck.

POLLY: Hinter mir! Schnell!

JAKE tritt hinter POLLY.

NATASHA: O je! Polly! Es ist Shane!

POLLY: Tasha, du musst uns helfen. Schnell!

NATASHA: … Was?!

POLLY: Wir müssen Jake verstecken. Russell –

JAKE: Bringt mich um!

NATASHA: *(zu CAROL)* Das ist alles deine Schuld, kleines Fräulein.

POLLY: Schnell.

NATASHA stellt sich rasch neben POLLY auf.

CAROL: Was ist denn los??

POLLY: Carol, dich brauchen wir auch. Schnell! Oder willst du, dass Jake etwas passiert?

CAROL: Passiert? … Nein.

POLLY: Mach schon!

CAROL stellt sich eiligst neben POLLY und NATASHA. JAKE versteckt sich hinter ihnen.

Näher zusammen, Carol! Keine Lücken!

RUSSELL tritt auf. Er ist fünfzehn Jahre alt, sieht blendend aus, hat einen durchtrainierten, muskulösen Körper, geschaffen, um damit anzugeben. Seine Schuluniform – eigentlich die gleiche wie JAKES – hat er auf Hose und Hemd reduziert; Letzteres trägt er offen, damit sein Brustkorb zu sehen ist, und die Ärmel sind hochgekrempelt. Er hat Trainingsschuhe an.

RUSSELL: *(im Stil eines Sportreporters)* Der Sieger! Russell the Love Muscle fügt seiner riesigen Trophäensammlung die Goldmedaille im Hochhaus-Ersteigen hinzu. Gibt es denn nichts, was ihn aufhalten kann, diese Sexmachine, diesen Tussi-Magnet? *(Ruft ins Treppenhaus hinunter)* Na los, ihr zwei! Hört ihr, wie die schnaufen da unten? Erbärmlich. Aber, Mädels, genießt den Anblick! Bin ich außer Atem?

MÄDCHEN: … Nein.

RUSSELL: Verschwitzt?

MÄDCHEN: … Nein.

RUSSELL: Müde?

MÄDCHEN: … Nein.

RUSSELL: Ändern Sie nichts an der Einstellung Ihres Gerätes, dies ist tatsächlich eine Begegnung mit der Vollkommenheit. Seht sie euch an. Zu überwältigt, um sich zu rühren. *(als Sportreporter)* Die Menge jubelt unserem ultra-coolen Mega-Macker zu. Frauen werfen Blumen. Er wirft einer eine Kusshand zu! Sie fällt in Ohnmacht –

BUZZ und SPEED treten auf. Sie sind vierzehn Jahre alt und tragen die reduzierte Schuluniform, wie RUSSELL sie bevorzugt, allerdings sind ihre Hemden zugeknöpft. Beide sind kleiner als RUSSELL, und obwohl sie nicht schlecht aussehen, fehlt ihnen das Arrogante, Blendende, das RUSSELL zu einem geborenen Anführer macht.

BUZZ und SPEED tragen Sporttaschen anstelle eines Ranzens. BUZZ trägt zwei davon, eine gehört vermutlich RUSSELL. Dieses zusätzliche Gewicht hat zweifellos zu ihrer Atemlosigkeit beigetragen.

RUSSELL: Apropos Ohnmacht! Ist das nicht erbärmlich? Ha!

BUZZ: Er hat mich dauernd geschubst, Russ.

SPEED: Er hat mich nicht vorbeigelassen, Russ.

BUZZ: Ich musste auch noch deine Tasche schleppen, Russ.

SPEED: Damit hat er versucht, mich ins Stolpern zu bringen, Russ.

RUSSELL: Mir aus dem Weg, ihr Loser – Zeit, meine Fans zu begrüßen.
Springt von der Plattform aufs Dach.
Ich weiß, was ihr denkt, Mädels. Warum glänzt mein Haar nicht so wie seins? Und diese Wimpern – verschwendet an einen Kerl! Aber ich kann nichts dafür. Ich bin mit diesen Gaben geboren.

Andere – hab ich mir erarbeitet!
Rafft das Hemd hoch und lässt die Bauchmuskeln sehen.
CAROL kann einen Aufschrei nicht unterdrücken.
Wisst ihr, wie man diese Muskeln nennt?
Kleine Pause
Die Scharfmacher!
BUZZ und SPEED wollen die Metallstufen herabsteigen.
He, ihr zwei! Springt gefälligst so wie ich. Wie ein Mann!
BUZZ und SPEED stehen am Rand der Plattform, bereiten sich auf den Sprung vor. Sie schwanken, sichtlich ängstlich und nervös.
Tachchen, Natasha. Alles okay?

NATASHA: Bestens.

RUSSELL: Meidest du uns in letzter Zeit?

NATASHA: Warum sollte ich?

RUSSELL: Der Shane-Junge.

NATASHA: Ist doch längstens vergessen.

RUSSELL: Genau das hab ich auch grad gesagt. Als die Dingsda Shane zugerufen hat, dass du hier oben bist. ‚Komm mit hoch', hab ich gesagt. ‚Vorbei ist vorbei.' Na schön, ihr habt euch getrennt. Na und? Was bedeutet das schon – kein gegenseitiges Rumgefummel mehr an den schmutzigen Teilen? *(Zu BUZZ und SPEED)* Ihr sollt springen, ihr zwei!

BUZZ: Sag nicht immer ‚ihr zwei' zu uns.

SPEED: Wir haben Namen.

SHANE tritt auf; ohne zu zögern stößt er BUZZ und SPEED von der Plattform. Sie stürzen unbeholfen aufs Dach.
POLLY, NATASHA und CAROL bleibt die Luft weg.
RUSSELL bricht in Gelächter aus.
SHANE ist sechzehn Jahre alt; er trägt eine schwarze Lederhose, Stiefel, ein rotes Seidenhemd – offen, sodass man allerlei Ketten u. Ä. sieht –, einen langen schwarzen Mantel und Sonnenbrille. Er hat langes, gepflegtes Haar.

RUSSELL: Der war gut, Shane!

BUZZ: Total bescheuert, das!

SPEED: Hätt mir den Hals brechen können!

RUSSELL: Schnauze, ihr zwei!
SHANE setzt sich auf die oberste Stufe.
Pause

NATASHA: Hiya, Shane.
Pause
Wie geht's?
Pause

… Schönen Sommer gehabt?

SHANE reagiert noch immer nicht.

Pause

CAROL: Russell! Als du mich geküsst hast. Weißt du noch?

RUSSELL: Nein.

CAROL: Doch, natürlich.

RUSSELL: Wenn du meinst.

CAROL: Natasha hat gesagt, dass … na ja, hat gesagt, du hättest gesagt … Sie hat gesagt, du hättest zu Shane gesagt –

RUSSELL: Ich hätte **was** gesagt, Himmel noch mal?

CAROL: Hättest gesagt … es war ein Almosen.

BUZZ und SPEED prusten los.

NATASHA: Maul halten, ihr Säcke!

BUZZ und SPEED hören auf zu lachen.

RUSSELL: Also, ehrlich gesagt – wie heißt du noch mal?

NATASHA: Carol. Sie heißt Carol.

RUSSELL: Also, Carol, es stimmt wahrscheinlich. Aber lass dir erklären! Ich bin eine Wahnsinnsnummer. Du nicht. Also, wenn eine Wahnsinnsnummer eine Nullnummer küsst – dann ist das immer so eine Art Almosen. Das ist nichts Schlimmes. Ich gebe dir etwas, was du – unter normalen Umständen – nie und nimmer kriegen würdest. Oder willst du behaupten, der Kuss hätte dir nicht gefallen?

CAROL: Nein. Ich meine, doch!

RUSSELL: Hättest gern noch so einen Schmatz?

NATASHA: Reiß dich zusammen, Carol.

RUSSELL: Komm her.

POLLY: Wehe, du rührst dich!

Von CAROL ein Wimmen aus tiefster Kehle.

RUSSELL: Oh, Carol! Meine Zunge! Komm, ich will deine Cornflakes schmecken.

Plötzlich kann CAROL nicht mehr widerstehen. Sie stürzt zu RUSSELL.

BUZZ und SPEED entdecken JAKE sofort.

BUZZ: Spastialarm!

SPEED: Spastialarm!

RUSSELL: Was? Wo? – Ts, ts, ts, versteckt sich hinter den Bräuten. So was Erbärmliches. So was … einhundert Prozent Spastimäßiges!

CAROL: Was ist mit meinem Kuss?

RUSSELL: Schnappt ihn euch, ihr zwei!

BUZZ und SPEED gehen los, um JAKE zu packen.

JAKE rennt los. BUZZ und SPEED hinterher.

JAKE: Hilfe!

POLLY: Lasst ihn!

NATASHA: Tu das nicht, Russ!

CAROL: Was ist mit meinem Kuss, verdammt?

BUZZ und SPEED erwischen JAKE.

JAKE: Hilfe!

BUZZ: Tritt ihn, Russ!

SPEED: Schlag ihn, Russ!

RUSSELL: Ich hab 'ne bessere Idee. Wir lassen ihn vom Dach runterbaumeln.

BUZZ: Tierisch!

SPEED: Geil!

JAKE: Polly!

BUZZ und SPEED schleppen JAKE zum Rand des Daches.

POLLY: Er hat dir nichts getan!

JAKE: Natasha! Hilfe!

NATASHA: Hör auf, Russ! Hör auf damit! Shane – sag du's ihm!

CAROL: Mein Kuss!

RUSSELL: Ach, du mit deinem Scheiß-Kuss! Wer will dich schon küssen? Da kann ich meine Zunge gleich in den Mülleimer stecken – stimmt's, Shane?

CAROL: Du mieses … Stück Dreck! Du! Du bist … ein Lügner! Du –

JAKE: Carol!

CAROL: Lasst ihn los!

RUSSELL: Eh, Shane! Du solltest sein Gesicht sehen! Kriegt die totale Flatter und – er zieht Buzz an den Haaren! Ha, Spaß mit Spasti!

SPEED: Er zieht **mich** an den Haaren!

BUZZ: Ich bin Buzz.

SPEED: Ich bin Speed.

RUSSELL: Nicht so pingelig, ihr zwei – hoch mit ihm!

JAKE: Neiiiin!

POLLY: Hört auf!

CAROL: Hört auf!

NATASHA: Ihr tut ihm noch wirklich weh.

RUSSELL: Werd mir Mühe geben.

NATASHA: Shane!

POLLY: Das kannst du nicht machen! Bitte! Er … er hat uns gerade eine Story erzählt. Stimmt's, Tasha?

NATASHA: … Was? Yeah! 'Ne heiße Story.

POLLY: Und wir wollen wissen, wie's ausgeht.

RUSSELL: Ich hasse Storys.

JAKE: Hilfe! Hilfe!

NATASHA: Shane! Sag was! Bitte!

Kleine Pause

RUSSELL: Entscheide du, Shane. Baumeln oder Story?

Pause

SHANE: … Story.

RUSSELL: Aber, Shane –

NATASHA: Du hast es gehört!

Kleine Pause

BUZZ und SPEED lassen JAKE los.

Pause

RUSSELL: Also?

Pause

POLLY: Es … es ging um die Prinzessin, oder, Jake? Stimmt's? Ja? Diese Prinzessin. Wie war das noch, Jake?

Kleine Pause

Genau! Ja! Sie wohnt in einem Schloss. Na ja, wahrscheinlich wohnen Prinzessinnen immer in einem Schloss, hab ich Recht?

NATASHA: Man sieht sie niemals ohne.

CAROL: Ausgeschlossen.

Kleine Pause

POLLY: Und diese Prinzessin … sie wohnte in einem Schloss, zusammen mit ihrem Vater.

NATASHA: Dem König, logo.

POLLY: Ja, genau, Natasha! Gut, dass du mich daran erinnerst. Die Prinzessin wohnte in einem Schloss, zusammen mit ihrem Vater. Und der war in der Tat der König.

RUSSELL: Irre spannend, eh! Also, lasst mich raten. Ihre Mutter war in der Tat die Königin.

POLLY: Nein. Die Prinzessin hatte keine Mutter. Sie starb –

RUSSELL: Bei der Geburt! Ätzend! – Shane! Der Spasti soll baumeln. Er erzählt ja gar nichts.

NATASHA: Die Königin war ermordet worden, damit du's weißt.

Pause

Ziemlich hässliche Sache.

Kleine Pause

Horrormäßig.

BUZZ: Wie denn?

POLLY: Eines Tages … wurde das Schloss angegriffen. Von den Feinden des Königs. Seit langem hatte das Königreich im Krieg gelegen.

SPEED: Dann hätte der König darauf vorbereitet sein müssen.

POLLY: Nun … ja. Das war er auch. Für gewöhnlich. Der König war ein großer Krieger.

BUZZ: Wieso konnte der Feind ihn dann überrumpeln?

NATASHA: Die kleine Prinzessin.

CAROL: Im Schloss wurde gefeiert. Stimmt's?

POLLY: Stimmt genau, Carol. An diesem Tag sollte die Geburt der Prinzessin gefeiert werden! Ein Festtag für alle. Überall im Schloss Speisen und Musik und Blumen.

BUZZ: Ein richtig schönes Besäufnis.

SPEED: Erdnüsse und Würstchen am Spieß.

CAROL: Alle tierisch gut drauf.

NATASHA: Und in diesem Augenblick griff der Feind an!

BUZZ: Hat garantiert das ganze Schloss niedergemetzelt.

POLLY: Dafür war der König ein viel zu guter Krieger. Nein, der König hat seinen Feind an diesem Tag sogar vernichtend geschlagen!

BUZZ: Aber die Königin!

SPEED: Was ist mir ihr passiert?

POLLY: Sie wurde von einem einzigen Pfeil mitten ins Herz getroffen.
Pause
Und dann … hat man ihr den Kopf abgeschlagen.
Pause
Und dann … hat man ihn einem hungrigen Schwein zum Fraß vorgeworfen.

BUZZ: Tierisch!

SPEED: Geil!

CAROL: Mir wird gleich schlecht.

POLLY: Danach … hat der König nie wieder die Verteidigung vernachlässigt. So war's doch, oder, Jake? Der König hat sämtliche Vergnügungen aus dem Schloss verbannt.

BUZZ: Wie? Keine Glotze?

RUSSELL: Damals gab's keine Glotze.

POLLY: Kein Tanz. Kein Gesang. Keine Blumen. Nichts Hübsches oder Flippiges mehr. Er war der Ansicht, die Prinzessin würde sonst verweichlichen.

RUSSELL: So wie ihr zwei!

POLLY: Und da sie ihm eines Tages auf dem Thron nachfolgen und möglicherweise viele Schlachten schlagen würde, musste er eine starke Kriegerin aus ihr machen. Stimmt's, Jake?
JAKE nickt und murmelt irgendwas.
Kleine Pause
Der König hieß die Prinzessin ein schlichtes Kleid tragen. Und die einzige Farbe: schwarz!

CAROL: Nicht mal zitronengelb?

POLLY: Nein.

NATASHA: Bestimmt musste sie vernünftige Schuhe tragen.

POLLY: Sehr vernünftige. Und was, glaubt ihr, musste sie trinken? – Essig!

BUZZ: Pfui Teufel!

POLLY: Und essen? – Trocken Brot!

SPEED: Keine Butter?

POLLY: Nein.

BUZZ: Aber vielleicht Margarine?

POLLY: Nein! Gar nichts! Der König hatte es verboten! Und dann, eines Nachts … Ja, so war's! Jetzt fällt es mir wieder ein! Die Prinzessin hörte, wie irgendwas gegen ihr Fenster knallte.

BUZZ: Was denn?

POLLY: Ein Vogel.

SPEED: Ist er tot?

POLLY: Hat sich den Hals gebrochen.

CAROL: Sie begräbt ihn!

POLLY: An einer geheimen Stelle im Schloss.

BUZZ: Warum Mädchen immer alles begraben müssen?

SPEED: Anstatt es aufzuschlitzen?

JAKE: … Da ist etwas in dem Vogel.

POLLY: Was denn, Jake?

BUZZ: Ja, was denn?

SPEED: Was?

CAROL: Was?

Kleine Pause

JAKE: Ein Blumensamen.

POLLY: Logo. Die Mahlzeit des Vogels! Nachdem also der Vogel begraben ist – fängt das Samenkorn an zu wachsen! Und im nächsten Sommer –

Holt die Haarspange aus der Tasche.

Seht mal! Ich werde sie mir ins Haar stecken.

BUZZ: Lass das nicht den König sehen.

POLLY: Zu spät!

CAROL: Alarmstufe gelb.

POLLY: Die Prinzessin sagt: ‚Es tut mir Leid, Daddy! Bitte! Es ist doch nur eine Blume. Bitte – ahhh!‘

SPEED: Was ist passiert?

POLLY: Er … er hat mich geschlagen.

RUSSELL: Brutalo!

Pause

POLLY: ‚Was sagst du, Daddy? O nein! Nein!‘

CAROL: Was ist?

BUZZ: Was?

SPEED: Was?

POLLY: So eine wie mich will er nicht zur Tochter haben.

NATASHA: Nein!

JAKE: Du bist verbannt.

Kleine Pause

POLLY: Ich verlasse das Schloss.

Läuft auf dem Dach herum.

Und eine ganze Weile … tut sich gar nichts. Ich hab keine Ahnung, wo ich hier bin. Nur … öde Gegend. Ich laufe und laufe. Und dann – ja! komm ich an einen Wald!

JAKE: Sie pflanzt ihre Blume.

POLLY: Die prallvoll ist mit Samen.

Vergräbt die Haarspange unter etwas Müll.

JAKE: Und ein Jahr später …

POLLY: Hunderte von Blumen!

JAKE: Im Jahr darauf!

POLLY: Tausende!

JAKE: Im nächsten!

POLLY: Millionen! Seht euch das an! Millionen gelber Blumen! So weit das Auge reicht! Unglaublich schön. Und ich … ich bin total glücklich hier im Wald der eine Million gelben Blumen. Wie das duftet! Nanu, was ist das? Da! Seht nur! Auf dem See!

Zeigt auf die Pfütze.

Delfine! Plantschen rum und spielen miteinander. O ja! O ja! Ja!

Pause

JAKE: Und eines Tages, da kommt ein Prinz.

BUZZ: Ich!

SPEED: Nein! Ich!

JAKE: Der Prinz ist der schönste Jüngling im ganzen Land.

RUSSELL: Hat mich wer gerufen?

BUZZ: Ich hab's zuerst gesagt.

SPEED: Nein! Ich!

RUSSELL: Schnauze, ihr zwei!

JAKE holt den Einkaufswagen und bringt ihn zu RUSSELL.

JAKE: Der Prinz kam in einer Kutsche vorgefahren.

RUSSELL: Das soll ja wohl ein blöder Witz sein oder was?!

JAKE: Sagte der Prinz. Denn er war stark und stolz. Er fand, eigentlich sollte er überall zu Fuß hingehen. Aber ihm war auch klar, dass es eine große Ehre war, in der … in der Kutsche aus purem Gold fahren zu dürfen. Eine Ehre, die nur wahren Helden zuteil wird.

Kleine Pause

RUSSELL klettert in den Einkaufswagen.

RUSSELL: Wo sind dann, bitteschön, meine Pferde?

Alle blicken auf BUZZ und SPEED.

BUZZ: Nee, echt nicht!

SPEED: Echt nicht!

RUSSELL: Shane?

Kleine Pause

SHANE zeigt auf den Einkaufswagen.

BUZZ und SPEED packen den Griff des Wagens.

Hüh, Blitz! Hüh, Blödi!

BUZZ: He, Moment mal! Wer ist Blödi?

RUSSELL: Du.

BUZZ: O nein! Wenn der Blitz heißt, lass ich mich nicht Blödi nennen. Das könnt ihr euch sonstwo hinstecken, ihr –

Kleine Pause

JAKE: Donner!

Kleine Pause

RUSSELL: Hüh, Blitz und Donner!

BUZZ und SPEED ziehen den Einkaufswagen.

Schneller! Schneller! Na los, ihr zwei!

BUZZ und SPEED ziehen den Einkaufswagen im Kreis herum.

Schneller! Schneller!

BUZZ und SPEED ziehen den Einkaufswagen schneller.

BUZZ: Genug! Ich kann nicht mehr.

JAKE: Die Pferde waren erschöpft und der Prinz – ebenso freundlich und verständnisvoll wie gut aussehend – gönnte ihnen eine Ruhepause an einem See mitten im Wald.

Kleine Pause

BUZZ und SPEED ziehen den Einkaufswagen zur Pfütze.

POLLY: Wer bist du?

SPEED: Blitz!

RUSSELL: Sie spricht mit mir, du Hirni! Du bist nur ein Scheiß-Gaul! – Tachchen! Ich bin ein Prinz.

POLLY: Wunderschön!

RUSSELL: Alles antrainiert.

POLLY: Du doch nicht. Mein Wald. Sieh nur! Eine Million gelbe Blumen.

JAKE: Doch der Prinz fand die Prinzessin schöner als alle Blumen zusammen.

Kleine Pause

POLLY: Warum schaust du mich so komisch an?

RUSSELL: … Wie denn?

POLLY: Als ob du mir etwas sagen willst.

Pause

Oh, ich weiß, es ist schwer. Für einen Prinzen wie dich, meine ich. So was zu sagen … was Zärtliches. Du musstest dein ganzes Leben lang stark und tapfer sein. So hart wie deine Scharfmacher-Bauchmuskeln. Aber zu mir kannst du es sagen, weißt du.
Kleine Pause
Findest du mich schön?

RUSSELL: … Nicht übel.

POLLY: Willst du, dass ich meinen Wald verlasse und dir auf dein Schloss folge?

RUSSELL: Mir egal.
Kleine Pause
Also gut. Okay. Hätt nichts dagegen.

POLLY: Aber, Prinz, mein Wald ist so wunderschön. Ich kann ihn unmöglich verlassen. Nicht mal für so eine Wahnsinnsnummer wie dich.

RUSSELL: Du … du willst mich wohl verarschen! Ich steh sowieso nicht auf dich. – Shane.

POLLY: Geh nicht weg!

JAKE: Die Prinzessin sah, dass der Prinz außer sich war. Sie wusste, er meint es nicht so.

RUSSELL: Und ob!

JAKE: Also stellte sie ihm eine Aufgabe.
Kleine Pause

POLLY: Prinz! Irgendwie … find ich dich prickelnd. Ehrlich. Ich kann es nicht erklären. Ich würde dir gern eine Chance geben – oder mir.

RUSSELL: So?

POLLY: Bring mir etwas, das schöner ist als eine Million gelbe Blumen. Wenn dir das gelingt, folge ich dir überallhin.

JAKE: Also machte sich der Prinz auf die Suche.
Kleine Pause
Der Prinz sucht!
RUSSELL blickt zu SHANE. SHANE nickt. RUSSELL sucht das Dach ab. Er findet einen alten Schuh und bringt ihn POLLY.

POLLY: Der schönste Schuh, der je gemacht wurde. Verziert mit Rubinen und Diamanten und mit Goldfäden bestickt … Wunderschön. Aber nicht schön genug.
Kleine Pause
RUSSELL wirft den Schuh weg. Er sucht weiter das Dach ab. Er findet eine alte Baseballmütze und bringt sie POLLY.

RUSSELL: Das ist eine Krone! Stimmt's? Sie ist aus Platin. Sie ist mit einer Milliarde Scheiß-Diamanten verziert. Schön genug oder was?

POLLY: Wunderschön. Aber nicht schön genug.

RUSSELL: *(wirft die Mütze weg)* Mist, verdammter!

BUZZ: Geh zu einer Hexe.

SPEED: Yeah! Tierisch! Frag eine Hexe.

Alles blickt auf NATASHA.

NATASHA: Na, das ist wieder mal typisch!

Kleine Pause

Also los, worauf wartest du?

RUSSELL *geht zu* NATASHA.

Kleine Pause

NATASHA: Hiya, Prinz. Du sollst also etwas finden, das –

RUSSELL: Ich hab's dir doch noch gar nicht gesagt!

NATASHA: Ich bin eine Scheiß-Hexe, Blödmann!

Pause

Also … Fräulein Flower Power verlangt, dass du etwas Schöneres findest als eine Million gelbe Blumen. Ich kann dir helfen. Aber erst … musst du bezahlen.

RUSSELL: Wie viel?

NATASHA: Ich will kein Geld, Mega-Traumboy. Ein Kuss. Ein dicker Schmatz. Mund auf. Zunge auf Lunge.

RUSSELL: Was, hier? Vor … vor allen Leuten?

NATASHA: Aber wir sind doch ganz allein in meiner Hexenhütte.

RUSSELL *blickt zu* SHANE, *dann wieder zu* NATASHA.

Ich warte.

RUSSELL *küsst* NATASHA. *Der Kuss wird immer leidenschaftlicher.*

CAROL *versetzt* RUSSELL *einen Schlag.*

CAROL: Hör auf! Du Sau! Warum sie?

RUSSELL: He! Hast du ein Problem oder was?

CAROL: Das ist gemein –

NATASHA: Beruhige dich! O Mann! Beherrsch dich!

CAROL *beruhigt sich.*

Du machst dich manchmal selber zum Affen. Und dann wunderst du dich, wenn dich alle auslachen. Es ist erniedrigend. Du solltest dich schämen, verdammt. Hörst du? Schämen.

Kleine Pause

Du musst meiner kleinen Kreatur verzeihen, Prinz.

RUSSELL: Kleine Kreatur?

NATASHA: … Mein Hausfrosch.

CAROL: Quak, quak.

NATASHA: Und jetzt, Prinz, werde ich deinen Wunsch erfüllen.

Holt die Spraydose aus der Handtasche.

Dies ist mein mächtigstes Elixier. Ein Spritzer davon und die Prinzessin wird erbeben und in Ohnmacht sinken.

RUSSELL: Für was hältst du mich? – Shane?
Wendet sich um und blickt SHANE *an.*
NATASHA *besprüht* RUSSELL *mit Parfüm.*
Lass das!

NATASHA: Schon passiert!
BUZZ *und* SPEED *lachen.*

RUSSELL: Auf euch zwei wartet schon der Abdecker!
Pause

POLLY: Hmmm … was ist das für ein Duft?
Kleine Pause
RUSSELL *geht zu* POLLY.
Wundervoll, wirklich. Nur … etwas zu fruchtig, für meinen Geschmack.

RUSSELL: Das war's dann! Mir langt's!

SHANE: Du hättest der Hexe nicht trauen dürfen.

RUSSELL: Aber du!

SHANE: Damals hat ihr Elixier gewirkt.

JAKE: Sagte der Zauberer.
Pause

SHANE: … Ich will euch von der Hexe erzählen.
Vor einer Million Jahren hab ich sie kennen gelernt. Auf einem fernen Planeten. Sie war eine mächtige Magierin. Ihr Elixier war das stärkste im Universum. Ein Hauch davon zähmte die wildesten Monster. Ich wurde gezähmt.
Kleine Pause
Und eines Tages dann weigerte sie sich mir zu antworten, als ich ihren Namen rief. Ich schrie so laut, dass jeder Stern zur Supernova wurde.
Kleine Pause
Sie ist mir eine Million Jahre aus dem Weg gegangen. Von jedem Planeten geflohen, auf dem ich landete. Bin nie dahinter gekommen, warum sie mich den einen Tag so sehr geliebt hat … und den nächsten – kein bisschen.
Kleine Pause

JAKE: Ein Ei.

NATASHA: Was?
Kleine Pause
Ein Drachenei.

POLLY: Ein Drachenei, ja!

BUZZ: Tierisch!

SPEED: Geil!

CAROL: Was ist damit?

Kleine Pause

JAKE: Der Zauberer erzählte der Prinzessin von dem Drachen. Der lebt auf einem Berg –

POLLY: Ich hab von dem Drachen gehört. Er hat Kiefer wie ein Hai.

JAKE: Und Schuppen wie Pailletten.

POLLY: Und dieser Drache – ja, logo! – legt Eier.

JAKE/POLLY: *(gleichzeitig)* Eier, die schöner sind als eine Million gelbe Blumen.

Pause

SHANE: Geh zu dem Berg. Finde das Drachenei. Die Prinzessin wird dir gehören.

BUZZ: Aber … sind da nicht vielleicht zwei Drachen?

SPEED: Eine Mama und ein Papa?

JAKE: Es ist ein hermaphroditischer Drache.

Kleine Pause

Halb Männlein, halb Weiblein.

RUSSELL: Ein Verwandter von dir, Jake?

JAKE: Es ist ein Furcht erregender Drache. Er mag mit Pailletten übersät sein. Doch jede Paillette ist scharf wie eine Rasierklinge.

Kleine Pause

Sei vorsichtig, Prinz.

Pause

RUSSELL: *(als Sportreporter)* Der Prinz stellt sich furchtlos dieser Herausforderung. Na, wenn das nicht der mutigste Mann der Welt ist! Mit ein paar wenigen, unglaublichen Sätzen erklimmt er den Gipfel des Berges.

Erklimmt die Metallstufen.

Es ist bitterkalt, aber sieht man den Prinzen zittern? Nein! Dabei trägt er nicht mal Schutzkleidung. Ist der Mann aus Fleisch und Blut, muss man sich fragen! Und da … Ist es das? Ja! Ich glaube, das ist es! Er hat's gefunden! Locker!

Holt einen Fußball aus seiner Sporttasche.

Das Drachenei!

SHANE: Offenbar halluziniert der Prinz vor Kälte.

Pause

RUSSELL: *(als Sportreporter)* Unser turbogeiler Traumboy von Prinz lässt sich nicht entmutigen und sucht weiter! Welch Ausdauer! Welch Mut! Und jetzt – ja!

Hält einen alten Lampenschirm hoch.

Das Drachenei!

SHANE: Halluzinationen.

RUSSELL: Was dann, himmelarsch?

CAROL: Ich werd dir helfen! Jawohl, ich, der Frosch! Weißt du, seit deinem Besuch bei der Hexe … musste ich immerzu an dich denken. Schwärmerei der Stärke acht auf der Richterskala. Kann's nicht ändern. Versteh es selber nicht. – Eh du was sagst: Ich will keinen Kuss. Du stehst nicht auf Frösche. Das ist **dein** Problem. Kein Grund, dich zu hassen. Ich werd schon einen Frosch zum Knutschen finden, wenn das hier vorbei ist. Ach, übrigens – da ist das Ei.

Deutet

RUSSELL: Wo?

CAROL: Da!

RUSSELL: Was denn? Wo?

Pause

Ah! Ich hab's geschnallt! Halluzinationen und so. Einbildung. Sehr gut. Yeah, yeah … Ja! Ich seh's! Da! Schöner als alles, was ich je erwartet hätte.

SHANE: Beschreibe es.

Kleine Pause

RUSSELL: Es liegt in einem Nest. Einem riesigen Nest. Bäume statt Zweige. Alle zurechtgebogen und gebrochen. Sträucher statt Blätter.

Kleine Pause

Das Ei liegt in der Mitte. Riesengroß. Es funkelt in einer Million Farben … Ich kletter jetzt ins Nest … Insekten umschwirren mich … Holz knackt unter meinen Füßen.

Hebt pantomimisch das Ei auf und kommt damit die Metallstufen herunter.

Die Prinzessin ist mein!

NATASHA: Du hast ihm geholfen, du Frosch!

CAROL: Du warst es, die einen Frosch aus mir gemacht hat! Bei der Hexe, der ich zuletzt diente, war ich eine Katze! Eine geschmeidige, graziöse Katze mit großen, grünen Augen. Ja, ich verwandle mich, je nachdem, mit wem ich zusammen bin. Aber es ist die Hexe, die mich verwandelt. Hörst du? Ich verwandle mich nicht selber. Ich hasse dich, weil du mich in einen Frosch verwandelt hast. Ich hasse dich, weil du darüber gelacht hast, dass jemand … jemand, den ich liebe, mich hässlich findet.

RUSSELL: Ich finde dich nicht hässlich.

CAROL: Warum hast du mich dann nicht geküsst?

RUSSELL: Weil ich … nicht so für dich empfinde. Das heißt doch nicht, dass ich dich hässlich finde. Wir könnten doch, na, du weißt schon.

CAROL: Was?

RUSSELL: Du weißt schon.

CAROL: Nein. Was?

RUSSELL: … Na ja, wir könnten uns doch trotzdem gut verstehen.

Kleine Pause

JAKE: Und sieh nur! Du bist gar kein Frosch mehr. Du bist eine wunderschöne Nachtigall.

CAROL: Eine Nachtigall! – Prinzessin! Sieh nur, was der Prinz gefunden hat!

RUSSELL: Das Drachenei!

POLLY: Nimm mich mit auf dein Schloss.

JAKE: Und der Prinz und die Prinzessin feierten Hochzeit!

POLLY und RUSSELL schreiten Hand in Hand.

Alle, außer NATASHA, jubeln und klatschen.

BUZZ und SPEED zerreißen altes Papier und benützen es als Konfetti.

NATASHA: Es ist noch nicht vorbei!

Die fröhliche Stimmung erstirbt.

Wie? Glaubt ihr, das geht so verdammt einfach? Finde ein schönes Ei und alles löst sich in Wohlgefallen auf – ach, ihr seid zum Kotzen!

SHANE: Was hast du vor?

Kleine Pause

NATASHA: Ich werde das Ei verfluchen!

RUSSELL: Verfluchen?

NATASHA: Die Schönheit des Eis! Es soll zu schön sein für die Prinzessin! Es soll sie … hypnotisieren. Sie soll davon besessen sein! Jawohl!

Pause

(Zu POLLY) Na los.

Kleine Pause

Los.

Kleine Pause

POLLY sitzt im Sessel und starrt vor sich hin.

POLLY: Oh, diese Farben! Diese Lichter! Diese Formen!

RUSSELL geht zu SHANE.

RUSSELL: Ich hab das Gefühl, die Hexe hat das Ei verflucht.

SHANE: Volltreffer.

RUSSELL: Du bist der Scheiß-Zauberer. Brich den Fluch.

SHANE: Er ist zu mächtig für mich.

RUSSELL: Was jetzt?

SHANE: Liebt dich die Prinzessin?

RUSSELL: Was weiß ich.

SHANE: Liebst du sie?

RUSSELL: Ich … na ja …

SHANE: **Könntest** du sie lieben?

RUSSELL: ... Wahrscheinlich.

SHANE: Dann musst du zu ihr gehen. Jeden Tag. Sag ihr, wie viel sie dir bedeutet. Vielleicht wird sie dich dann auch eines Tages lieben. Wer weiß. Diese Liebe könnte den Fluch brechen.

RUSSELL: Sehr sicher scheinst du dir nicht zu sein.

SHANE: Bin ich auch nicht.

Kleine Pause

RUSSELL geht zu POLLY.

RUSSELL: Tachchen, Prinzessin. Weißt du, ich hab viel an dich denken müssen ... sehr viel. Verstehst du? Du drängst dich da rein! In meine Gedanken!

Pause

So hab ich noch nie mit jemandem gesprochen –

BUZZ und SPEED kichern.

Schnauze, ihr zwei. Das hier ist wichtig. Helft mit oder verzieht euch!

BUZZ: 'Tschuldige.

SPEED: 'Tschuldige.

Kleine Pause

RUSSELL: Ich hab 'ne Menge abscheuliche Dinge gesehen, Prinzessin. Auf den Schlachtfeldern. Verstehst du? Es geht hart zu da draußen. Rau. Ich hab gesehen, wie Freunde schwer verletzt wurden. Weißt du, was ich meine? Da draußen ... hab ich getan, was ... was ein Prinz tun musste. Sonst ... na ja, wird er nie ein König.

Pause

Prinzessin ... bitte ... hör mich an. Ich versuche hier ...

POLLY: Ach, Prinz ...

JAKE: Es platzt!

SHANE: Das Ei!

POLLY: Es darf nicht ausschlüpfen! Nein! Nein!

Nimmt das imaginäre Ei und rennt los. RUSSELL, BUZZ und SPEED verfolgen sie. Alle schreien, was zum allgemeinen Chaos beiträgt.

JAKE: Fangt sie!

RUSSELL: Hör auf!

SHANE: Keine Panik!

BUZZ: Alles okay!

SPEED: Keine Angst!

POLLY: Das Ei darf nicht platzen!

BUZZ: Sie hat es fallen lassen!

SPEED: Voll durchgeknallt!

CAROL: Prinzessin!

JAKE: Vorsicht da am Rand!

POLLY ist jetzt bei ihrer Satellitenschüssel.

POLLY: Ich hasse dich! Hasse dich für das, was du meinem wunderschönen Ei angetan hast! Du Monster! Ich hasse dich!

BUZZ: Mit wem redet sie?

SPEED: Mit dem Drachenbaby.

CAROL: Es ist geschlüpft.

BUZZ: Es liegt zu ihren Füßen.

SHANE: Sie wird es töten!

NATASHA: Nein!

RUSSELL: Nein!

CAROL: Nein!

BUZZ: Nein!

SPEED: Nein!

NATASHA stürzt zu SHANE.

NATASHA: Shane! Das darf sie nicht! Bitte! Das hab ich nicht gewollt!

POLLY stößt einen Schrei aus und stampft mit aller Gewalt mit dem Fuß auf.

Stille

Langes Schweigen

Wa… was hast du getan?

Kleine Pause

Langsam geht NATASHA zu POLLY.

NATASHA sieht den toten Vogel.

Es ist tot!

Taumelt gegen die Satellitenschüssel.

SHANE stürzt zu NATASHA.

SHANE: Tasha!

FINN: *(off)* AHHHHHRRRCHHH!

Alles erstarrt.

Kleine Pause

RUSSELL: Was ist das?

BUZZ: Dieses Geräusch.

SPEED: Ich fürchte, das ist –

BUZZ: Er!

RUSSELL: Das gibt's doch nicht!

CAROL: Das ist er!

BUZZ/SPEED: *(gleichzeitig)* Er!

RUSSELL: Rennt!

RUSSELL, BUZZ und SPEED werden schlagartig aktiv und flüchten zur Treppe.

FINN tritt auf. Er ist fünfzehn Jahre alt und für sein Alter außergewöhnlich groß – in alle Richtungen. Er hat abgetragene, schwarze Jeans an, Stiefel und ein T-Shirt mit einem dieser Heavymetal-Logos, etliche Silberringe und Manschetten mit Nieten. Er hat extrem langes Haar, das – wie der ganze Kerl – dringend gewaschen gehörte.

FINN: WAAAGUUUAAAH!

RUSSELL, BUZZ und SPEED heulen auf und flüchten.

RUSSELL: Das Monster!

BUZZ: Das Monster!

RUSSELL, BUZZ und SPEED verstecken sich.

POLLY: Nennt ihn nicht so! Sonst regt er sich auf! – Es ist alles okay, Finn.

FINN: WAAAGUUUAAAH!

POLLY: Pscht! Keine Angst, Finn. Ich erklär's dir.

Flüstert FINN etwas ins Ohr.
Sie zeigt auf JAKE.
JAKE schnappt nach Luft.
FINN murmelt etwas und nickt.

POLLY flüstert weiter in FINNS Ohr.
Sie zeigt auf NATASHA.
NATASHA schnappt nach Luft.
FINN murmelt etwas und nickt.

POLLY flüstert weiter in FINNS Ohr.
Sie zeigt auf CAROL.
CAROL schnappt nach Luft.
FINN murmelt etwas und nickt.

POLLY flüstert weiter in FINNS Ohr.
Sie zeigt auf RUSSELL.
RUSSELL stößt einen Schrei aus.
FINN murmelt etwas und nickt.

POLLY flüstert weiter in FINNS Ohr.
Sie zeigt auf BUZZ und SPEED.
Die beiden stoßen gellende Schreie aus.
FINN murmelt etwas und nickt.

POLLY flüstert weiter in FINNS Ohr.
Sie zeigt auf SHANE.
FINN murmelt etwas und nickt.

POLLY zeigt auf sich selbst.
FINNS Nicken und Gemurmel werden intensiver.

POLLY zeigt auf den toten Vogel.
FINNS Nicken und Gemurmel werden noch intensiver.

POLLY zeigt auf FINN.
FINN nickt und stößt freudige Laute aus.
Dann packt er POLLY.

POLLY: Der Drache! Zu Hilfe!

RUSSELL: Der Drache!

BUZZ: Er!

RUSSELL: Er ist der Drache?

POLLY: Zeig's ihnen, Finn!
FINNS Hände werden zu Pranken, er röhrt los.

FINN: ROAAAARCHHH!

ALLE: Der Drache!

RUSSELL: Er macht mit!

FINN: ROAAAARCHHH!

POLLY: Hilfe! Hilfe! Ich habe getötet, was in dem Ei war. Jetzt hat mich der Drache entführt, um sich zu rächen. Er hat mich auf den Gipfel des Berges gebracht. Hilfe! Hilfe!

NATASHA: Das ist alles meine Schuld!

RUSSELL: Nein, meine!

CAROL: Nein, meine!

JAKE: Meine!

BUZZ: Wieso deine Schuld?

SPEED: Was hast du überhaupt mit dem Ganzen zu tun?

JAKE: Ich bin ... ihr Vater.
Kleine Pause

RUSSELL: Der König!

CAROL: Der ihr verboten hat, eine Blume zu pflanzen.

BUZZ: Der gesagt hat, sie soll verschwinden.

JAKE: Ebender!

SPEED: Dann **ist** es deine Schuld!

RUSSELL: Wo hast'n gesteckt, die ganze Zeit?

JAKE: Nachdem ich meiner Tochter das alles angetan hatte ... erkannte ich, dass ich einen großen Fehler gemacht hatte ... Da hab ich den Kopf verloren. Hab mich versteckt. Wollte mein Gesicht nirgendwo sehen lassen. Dachte, mein Gesicht will sowieso niemand sehen. Aber dann ... dann begriff ich. Das war keine Lösung. Das würde die Probleme nur vergrößern. Und jetzt ... jetzt verstecke ich mich nicht mehr. Ich bin hier, um meine Tochter zu retten. Um sie vor dem Drachen zu retten. Hat jemand den Mut, mir dabei zu helfen?

RUSSELL: Ich.

BUZZ: Ich auch.

SPEED: Und ich.

NATASHA: Und ich.

SHANE: Und ich.

CAROL: … Und ich!

BUZZ: Was willst'n du?

SPEED: Du bist 'ne Scheiß-Nachtigall.

NATASHA: Nein, das ist sie nicht mehr! Genau wie der König bereue auch ich, was ich getan habe, ich war eine blöde Kuh, ehrlich gesagt. Lass uns wieder Freunde sein – ich geb dir deine menschliche Gestalt zurück!

BUZZ: Und was ist mit mir?

SPEED: Und mit mir?

SHANE: Euch auch! Mensch! Mensch!

POLLY: Wie wär's, wenn mir jemand helfen würde?

JAKE: Zu den Waffen!

Alle suchen in den Müllbergen nach Deckeln von Mülleimern und anderen Dingen, die als Schild oder Waffe zu gebrauchen sind.

JAKE *findet einen alten Regenschirm, der ihm als Schwert dient.*

Lärm und Trubel

JAKE *steigt auf eine alte Bierkiste. Die anderen versammeln sich um ihn und applaudieren. An den Schlüsselstellen der folgenden Rede wird immer wieder applaudiert.*

Heute ziehen wir in die Schlacht. Gegen einen schrecklichen Drachen. Einen Furcht erregenden Drachen. Ein Drache mit Kiefern wie ein Hai. Ein Drache mit rasiermesserscharfen Schuppen. Ein Drache, der so hell blinkt, dass es einen blendet! Aber ein Drache, den wir bekämpfen müssen! Und wir werden diesen Kampf gewinnen! Wir werden gewinnen, weil wir gemeinsam kämpfen werden. Als Einzelne – haben wir keine Chance. Aber gemeinsam – ha, seht uns an! Wir sind unbesiegbar! Halten wir zusammen?

ALLE: Ja!

JAKE: *(lauter)* Sind wir eins?

ALLE: *(lauter)* Ja!

JAKE: Dann ist der Drache verloren. Dieser Drache heißt … Sparkleshark!

ALLE: *(skandieren)* Sparkleshark! Sparkleshark! Sparkleshark! Sparkleshark!

Alle werden schlagartig aktiv. Es wird immer lauter und wilder skandiert.
Verschiedene Gegenstände dienen als Trommeln.

JAKE, NATASHA, CAROL, RUSSELL, BUZZ, SPEED und SHANE verfolgen POLLY und FINN, die um das Dach herum flüchten.

POLLY schreit. FINN röhrt.

Das Skandieren und der allgemeine Radau werden immer lauter.

Alle nehmen ihre Rollen sehr ernst, trotzdem haben sie einen Riesenspaß.

BUZZ, SPEED und CAROL helfen sich gegenseitig über Hindernisse etc.

Ebenso hilft SHANE NATASHA, und RUSSELL hilft JAKE.

Schließlich ist FINN umzingelt. Er schlägt mit seiner Prankenhand nach ihnen.

POLLY steht daneben und sieht zu.

FINN: ROAAARCHHH!!!
BUZZ: Packt ihn!
SHANE: Tötet ihn!
CAROL: Rettet die Prinzessin!
Kleine Pause
RUSSELL nähert sich FINN zaghaft.
JAKE: Nein, Prinz! Das ist meine Sache. Ich hab es begonnen. Ich muss es zu Ende bringen.
RUSSELL: Aber ich bin stärker als du!
FINN: ROAAARCHHH!!!
RUSSELL: *(zu JAKE)* Hast Recht! Mach du's!
JAKE nähert sich FINN mit erhobenem Regenschirm.
FINN röhrt und schlägt nach ihm.
POLLY schreit auf.
Die anderen feuern JAKE begeistert an.

Plötzlich landet FINN einen Treffer bei JAKE.
JAKE schreit auf und stürzt zu Boden.
RUSSELL springt vor und zieht JAKE von FINN weg.
JAKE: Was … was machst du?
RUSSELL: Der Drache hat dir den Arm gebrochen. Du kannst nicht weitermachen. Gib mir dein Schwert. Bitte.
JAKE gibt RUSSELL den Regenschirm.
JAKE: Danke, Prinz.

CAROL: Rette die Prinzessin!
BUZZ: Mach schon, Prinz!
SPEED: Mach schon!
NATASHA: Tod dem Drachen!
ALLE: *(skandieren)* Tod! Tod! Tod! Tod! Tod!

RUSSELL nähert sich FINN. Sie umkreisen sich eine Weile.
Alle feuern RUSSELL an, klatschen, stampfen mit den Füßen, skandieren etc.

FINN schlägt nach RUSSELL.
RUSSELL schwingt den Regenschirm.

Dies alles geschieht in Zeitlupe, jeder Laut, jede Geste wird spielerisch überhöht.

Im Verlauf des Kampfes berührt RUSSELLS Regenschirm FINN am Arm.
FINN brüllt auf.

Dann berührt FINN RUSSELLS Brust.
RUSSELL brüllt auf.

Die anderen feuern weiter an, etc.

Schließlich wird FINN zu Boden geschlagen.

RUSSELL hebt den Regenschirm.

ALLE: Tod! Tod! Tod! Tod!
RUSSELL: Stirb, Sparkleshark! Stirb!
Doch gerade, als RUSSELL zum Todesstoß ausholt –
POLLY: STOPP!
Stürzt zu FINN und birgt seinen Kopf in ihrem Schoß.
Niemand rührt sich, alle schweigen.
Pause
Er ist ein guter Drache! Ein freundlicher Drache! Ja, ich weiß, er hat mich entführt. Aber seht, was ich getan habe. Ich habe sein Ei zerstört! Ein Ei, das schöner war als eine Million gelbe Blumen.
Pause
Und während ich hier auf dem Berg war, hat er sich um mich gekümmert. Hat mich warm gehalten in der Nacht. Hat mir Essen gebracht. Und ich habe gelernt zu verstehen, was er sagt.
FINN: *(sanft)* Rangaaa.
POLLY: Ja, mein lieber Drache. Ich sag es ihnen. – Alle fürchten sich vor ihm, weil er so aussieht.
FINN: *(sanft)* Rangaaa!

POLLY: Nachts breitet der Drache seine prachtvollen Schwingen aus und niemand ist da, um sie zu bewundern, weil sie im Mondlicht funkeln.

FINN fängt an zu schluchzen.

Kleine Pause

NATASHA: Der Drache weint.

CAROL: Armer Drache.

BUZZ: Nicht weinen.

SPEED: Nein.

SHANE: Was können wir tun, damit er aufhört zu weinen?

Kleine Pause

POLLY: Du musst dem Drachen deine Hand auflegen und sagen … Ja, sage dem Drachen, dass du sein Freund bist.

Pause

Langsam geht NATASHA zu FINN.

Sie kniet neben ihm nieder.

Legt ihm ihre Hand auf.

NATASHA: Ich bin deine Freundin, Sparkleshark.

Kleine Pause

CAROL geht zu FINN.

Sie kniet neben ihm nieder.

Legt ihm ihre Hand auf.

CAROL: Ich bin deine Freundin, Sparkleshark.

Kleine Pause

BUZZ geht zu FINN.

Er kniet neben ihm nieder.

Legt ihm seine Hand auf.

BUZZ: Ich bin dein Freund, Sparkleshark.

Kleine Pause

SPEED geht zu FINN.

Er kniet neben ihm nieder.

Legt ihm seine Hand auf.

SPEED: Ich bin dein Freund, Sparkleshark.

Kleine Pause

SHANE geht zu FINN.

Er kniet neben ihm nieder.

Legt ihm seine Hand auf.

SHANE: Ich bin dein Freund, Sparkleshark.

Kleine Pause

RUSSELL geht zu FINN.

Er kniet neben ihm nieder.

Legt ihm seine Hand auf.

RUSSELL: Ich bin dein Freund, Sparkleshark.

Kleine Pause

JAKE geht zu FINN.

Er kniet neben ihm nieder.

Legt ihm seine Hand auf.

JAKE: Ich bin dein Freund, Sparkleshark.

Kleine Pause

FINN: Raaah.

POLLY: Sparkleshark ist auch dein Freund.

Pause

JAKE steht auf.

JAKE: Und von diesem Tag an lebte das Land in vollkommenem Frieden. Der Prinz und die Prinzessin waren glücklich in ihrem Schloss. Der Zauberer und die Hexe erschufen zusammen neue Planeten. Die ehemaligen Pferde Blitz und Donner und der ehemalige Frosch, die spätere Nachtigall, wurden dicke Freunde. Mir – dem König – wurde vergeben. Und des Nachts, wenn die Kinder ein seltsames Licht am Himmel erblickten, sagten die Eltern. ‚Hab keine Angst, mein Liebling. Es ist nur das Mondlicht auf den Schwingen des Drachen.'

Lange, stille Pause

POLLY applaudiert JAKE als Erste.

Dann applaudiert auch RUSSELL.

Dann auch all die anderen.

Alles jubelt und gratuliert JAKE.

Aber ich war es nicht allein. Wir alle waren es! Gemeinsam! Diese Geschichte gehört uns allen.

RUSSELL: Lass uns noch eine erfinden, Jake! Noch eine Geschichte! Noch eine Geschichte!

JAKE: Ich kann nicht! Nicht jetzt! Ich muss heim zum Tee.

Alles nickt und murmelt Zustimmung.

Kleine Pause

RUSSELL: Aber … wir können hier doch nicht einfach aufhören!

SHANE Wir sollten uns wieder treffen.

ALLE: Yeah!

RUSSELL: Nächste Woche!

ALLE: Yeah!

BUZZ: Gleiche Zeit!

SPEED: Gleicher Ort!

ALLE: Yeah!

NATASHA: Und dann werden wir eine neue Geschichte erzählen!

RUSSELL: Wir alle zusammen!

ALLE: Yeah!

RUSSELL: Wir sollten uns einen Namen geben.

BUZZ: Die Geschichtenerzählergruppe.

ALLE: Nööö.

SPEED: Die G. G. V. Geheime Geschichtenerzählervereinigung!

ALLE: Nööö.

FINN: … Sparkleshark.

Kleine Pause

POLLY: Ja, Finn! Das ist es! So werden wir uns nennen: ‚Sparkleshark!'

ALLE: Yeah! ‚Sparkleshark!'

RUSSELL: Und wir brauchen einen eigenen Gruß. Ein geheimes Zeichen, wenn wir uns treffen – die Drachenpranke.

Seine Hand wird zur Pranke, so wie vorhin bei FINN.

JAKE: *(ein Hieb in die Luft, als Gruß)* Sparkleshark!

ALLE: *(den gleichen Hieb, als Gruß)* Sparkleshark!

Kleine Pause

Alle begeben sich allmählich über die Metallstufen auf die erhöhte Plattform. Sie helfen sich gegenseitig.

JAKE packt sein Notizbuch ein, etc.

Er steigt als Letzter hoch.

RUSSELL hilft JAKE auf die Plattform.

Kleine Pause

Alle lächeln sich an, dann blicken sie sich auf dem Dach um.

Dann, plötzlich und gleichzeitig, schlagen alle mit dem Prankengruß durch die Luft.

ALLE: *(triumphierend)* SPARKLESHARK!

Es wird dunkel.

Vorschläge zur Erarbeitung des Theaterstücks

Vorschlag 1
Neun Jugendliche, ein Dach, ein Drachenei: Sparkleshark

Einen „Plot“ erfinden

Drache zähmt Chaoten

Nichts für schwache Ohren ist das Stück „Sparkleshark“ des Engländers Philip Ridley, mit dem das Theater im Werftpark am Wochenende eine gelungene Premiere feiern konnte. Geht es doch um die lautstarke Auseinandersetzung zwischen Jugendlichen, die im Umgang miteinander nicht gerade zimperlich sind. Nur der zurückhaltende Außenseiter Jake [...] kann da nicht richtig mithalten. „Spasti-Alarm“ schallt es, sobald die Gang von Russell [...], dem „Turbo-Traumboy“ und selbst ernannten „Tussi-Magneten“ der Schule, Jake irgendwo zu fassen kriegt und dann in schöner Regelmäßigkeit verprügelt.
So hat er sich auf das Hochhausdach verkrochen und taucht zwischen Lüftungsschächten, Satellitenschüssel und Gerümpel [...] lieber ab in die Welt seiner erfundenen Geschichten. Bis die eigenwillige Polly [...] ihn hier findet und sich der Gang zum Trotz mit ihm anfreundet. Aber schon bald stellen sich auch die anderen ein und entdecken ihren Lieblingsprügelknaben. Da beginnt Polly eines von Jakes Fantasy-Märchen zu erzählen über eine Prinzessin, die entführt wird vom Drachen namens Sparkleshark, und es gelingt ihr, die Spirale der Gewalt im letzten Moment doch noch zu stoppen. [...]

Beate Jänicke

Arbeitsanweisung

In „Sparkleshark“ treffen bzw. verbinden sich Wirklichkeit und Märchen. Nicht immer ist klar, in welcher „Welt“ sich die Personen gerade befinden. Um diesem Spiel folgen zu können, sollten Zuschauer bzw. Leser Fantasie haben und diese aktivieren.

Dazu eine Aufwärmübung: Der Zeitungsbericht gibt einige Informationen über Ort, Personen und Thema des Theaterstücks – allerdings nicht viele. Was passieren könnte – das zu erfinden, ist nun eure Aufgabe.

1. Lies den Zeitungsbericht und unterstreiche die Informationen zu Ort, Personen und Handlung.

2. Überlege dir eine mögliche Handlung für das Fantasy-Märchen. Beachte dabei, dass Polly das Märchen nicht nur erzählt, sondern jeder Jugendliche eine Märchenfigur spielt. Zu den im Zeitungsbericht (oben) genannten Personen tauchen noch fünf weitere auf dem Dach auf und auch Pollys Bruder Finn erscheint.

3. Bildet Arbeitsgruppen. Tauscht in den Gruppen eure Ideen aus. Einigt euch dann in eurer Gruppe auf einen Vorschlag. Schreibt jeden seiner Handlungsbausteine auf Moderations- bzw. Blanko-Karteikarten.

4. Ordnet die Bausteine zu einer Handlungskette an und klebt sie auf ein Plakat.

Die Gruppen stellen in der Klasse ihren „Plot“ vor. Die Plakate werden im Klassenzimmer aufgehängt und bleiben hängen, solange ihr euch mit SPARKLESHARK im Unterricht befasst.

Vorschlag 2
„Traumboy“, „Traumgirl“ gesucht!

Mithilfe des Textes Figurenprofile entwerfen

Textgrundlage: S. 7–14 („... Sonst ... explodiert man irgendwann.“)
In einigen Radiosendungen haben Hörer die Möglichkeit eine Person zu suchen, in die er oder sie sich bei einer kurzen Begegnung verliebt hat, es ihr aber nicht sagen konnte, bevor sie sich wieder aus den Augen verloren.
Damit diese Person weiß, dass sie gemeint ist, müssen die Suchenden möglichst genau sich und ihren „Traumboy“ bzw. ihr „Traumgirl“ beschreiben, außerdem den Anlass oder Ort, wo sie einander trafen. Oft wünschen sie sich auch für ihn oder sie einen Musiktitel – als eine Art „Erkennungsmelodie“.

Arbeitsanweisung

Stellt euch vor, Polly, Natasha und Jake würden sich in einer solchen Sendung melden und ihren „Traumboy" bzw. ihr „Traumgirl" suchen. Teilt die Klasse in drei Gruppen auf, die sich jeweils mit einer der drei Figuren – mit Polly, Natasha oder Jake – befassen.

1. Schreibt aus dem Text möglichst viele Hinweise (Wörter, Sätze) heraus, die helfen, Polly, Natasha oder Jake zu charakterisieren. Redet in eurer Gruppe darüber.

____

____

____

____

____

2. Nehmt ein Plakat (mind. DIN A 2) und notiert (auf der einen Hälfte), wie Polly, Natasha oder Jake sich selbst in einer solchen Radiosendung beschreiben würde und (auf der anderen Hälfte) wie den „Traumboy" bzw. das „Traumgirl". Vergesst nicht den Anlass/Ort des Zusammentreffens".

3. Überlegt in der Gruppe, welchen Song eure Person für ihren „Traumboy" bzw. ihr „Traumgirl" wählen würde.

Präsentiert in der Klasse die Ergebnisse eurer Gruppenarbeit und besprecht sie gemeinsam.

Vorschlag 3
Carol und Natasha – eine vorbildhafte Beziehung?

Textgrundlage S. 15–17 („Das werde ich!")

Vorbereitung

Fünf Schüler (darunter mindestens drei Mädchen) teilen untereinander die Texte von Carol, Natasha, Polly, Jake und die Regieanweisung auf. Sie bereiten die Szene in häuslicher Lektüre so vor, dass sie die Textpassagen ihrer Figuren ausdrucksstark lesen können.

Arbeitsanweisung für alle Zuhörer

1. Höre den Fünf genau zu, ohne den Text mitzulesen. Nach dem Vortrag notierst du dir 5 Minuten lang Eigenschaftswörter, die deiner Ansicht nach die Beziehung zwischen Natasha und Carol kennzeichnen.
2. Tauscht im Klassengespräch die einzelnen Eindrücke aus und sammelt die Eigenschaftswörter an der Tafel.
3. Anschließend liest jeder selbst den Text (S. 15–17). Überprüfe dabei, welche der Begriffe, die du zuvor notiert hast bzw. die deine Mitschüler genannt haben, dir jetzt noch passend erscheinen.

Besprecht die Ergebnisse in der Klasse.

Weitere Vorschläge

a) Versetze dich in die Situation Natashas oder Carols. Stelle dir vor, sie führen Tagebuch oder am Abend ein Telefonat mit ihrer besten Freundin. Schreibe auf, was sie über ihre ‚Gegenspielerin' (Natasha/Carol) berichtet und wie sie deren Verhalten kommentiert.

b) Carol ahmt in vielerlei Hinsicht Natasha nach. Ist in deinen Augen Natasha ein Vorbild für sie?

Überlege, **wer** für dich ‚Vorbild' ist und was du an ihm/ihr ‚vorbildlich' findest.
Zeige in einem Mind Map, woher du die Personen kennst und was du an ihnen bewunderst. Zeichne ein Mind Map in dein Heft. Du kannst das auf Seite 48 abgebildete als Muster verwenden.

In der Unterrichtsstunde sitzen oder stehen die Fünf – wie auf einer Bühne – vor der Klasse und lesen so, als würden sie die Rollen „spielen“.

Mind Map

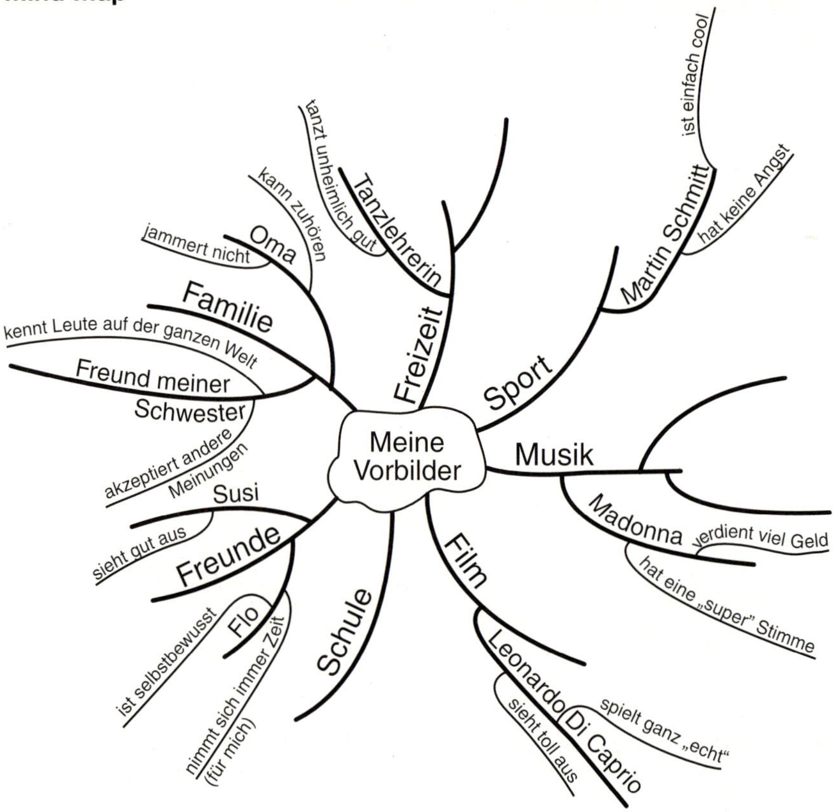

Vorschlag 4
„Alle auf einem Dach" – aber nicht jeder mag jeden

In Standbildern Beziehungen darstellen

Textgrundlage: S. 17 („POLLY: Wir müssen Jake ...") – S. 20 („... SHANE reagiert immer noch nicht")
In der vorliegenden Szene treffen mit Ausnahme von Finn alle Personen zusammen, die wichtig sind für die Handlung von SPARKLESHARK.

Arbeitsanweisung

1. Lest den Text mit acht Personen, sodass jede Figur und die „Regieanweisung“ eine eigene „Stimme“ hat.

2. Die Jugendlichen auf dem Hochhausdach kann man als „Gruppe“ bezeichnen, da sie sich schon länger kennen, hier nicht zufällig oder zum ersten Mal zusammentreffen.
   In Gruppen gibt es immer einen *Anführer,* dessen *Gegenspieler,* mehrere *Mitläufer,* einen oder mehrere *Beliebte* und oft einen *Außenseiter.*
   Ordne diese Begriffe den Personen auf dem Hochhausdach zu und begründe deine Entscheidung im Klassengespräch.

3. Teilt die Klasse auf in Arbeitsgruppen zu je 9 Schülerinnen und Schülern: Jede/r soll ein **Standbild** gestalten. Damit ist Folgendes gemeint:
   Ein Mitglied der Arbeitsgruppe übernimmt die Funktion des Regisseurs, die anderen sind Jake, Polly, Natasha, Carol, Russell, Buzz, Speed und Shane.
   Der Regisseur überlegt sich, wie die acht Schülerinnen und Schüler durch ihre Körperhaltungen zum Ausdruck bringen können, welche Position die jeweilige SPARKLESHARK-Figur, die sie darstellen, innerhalb der Gruppe auf dem Hochhausdach hat: Z. B. steht ein *Anführer* anders da als ein *Außenseiter,* äußert sich Sympathie in Blickkontakt und Nähe, während diejenigen, die sich nicht leiden können, „auf Distanz gehen“.
   Wie der Regisseur seine Gruppe anordnet, bestimmt er selbst bzw. hängt davon ab, wie er die Textaussagen interpretiert.

Jeder Regisseur präsentiert sein Standbild vor der Klasse. Die Zuschauer äußern sich dazu, ob ihnen der jeweilige Vorschlag passend erscheint oder nicht, und begründen ihr Urteil.

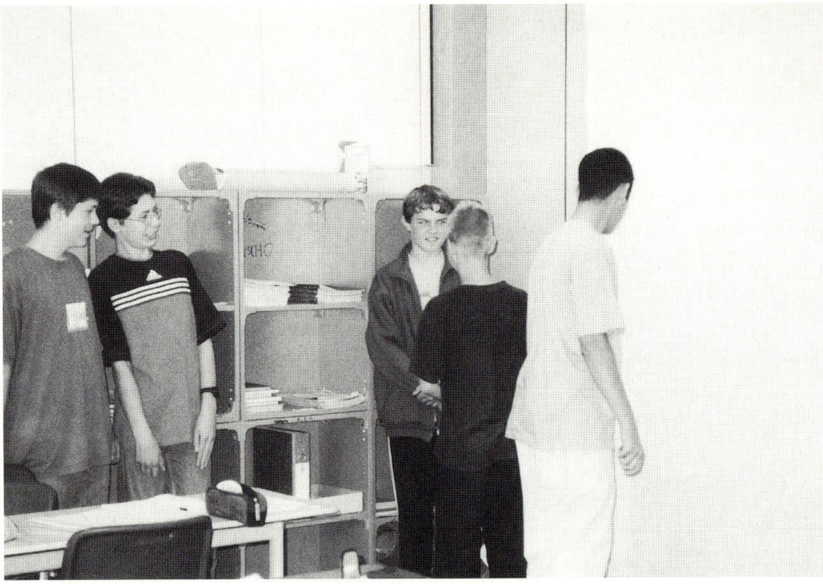

Beschreibe, wie diese Gruppe aufgestellt ist. Welche „Positionen" und Beziehungen nimmst du hier wahr?

Vorschlag 5
Mit der Kamera voll draufhalten ...

Wie Konflikte „gezeigt" werden können

Textgrundlage: S. 20 („CAROL: Russell! ...") – S. 22 („BUZZ und SPEED lassen Jake los")

Arbeitsanweisung

1. Lies den Text und markiere mit verschiedenen Farben die Stimmungen, die sich in den Aussagen spiegeln (z. B. Grün = Freude, auch Schadenfreude; Gelb = Wut, Zorn; Rot = Arroganz, „Coolness"; Orange = Angst, Entsetzen).

2. Stell dir vor, du filmst bzw. verfilmst (als Kameramann, Regisseur) die Szene. Entwirf ein „Drehbuch" mit folgenden filmischen Mitteln:
   a) unterschiedliche Einstellungsgrößen der Kamera: *Totale* (Dach), *Halbtotale* (z. B. Plattform), *Halbnah* (Personengruppe), *Nah* (Ein-

zelperson), *Groß* (z. B. Brust-Kopf), *Ganz-Groß* (z. B. Gesicht), *Detail* (z. B. Auge)
b) Kameraperspektiven: *Normalsicht* (Mitte, Kameraführung entspricht der Augenhöhe); *Untersicht* (Froschperspektive, „Blick" von unten), *Aufsicht* (Vogelperspektive, „Blick" von oben)
c) Beleuchtung: *Grundlicht* (hellt die gesamte Szene auf), *Führungslicht* (Hauptbeleuchtung, auf die Personen gerichtet)

Übertrage dazu das Schema in dein Heft und ergänze es:

Einstellung (Bildinhalt)	Einstellungsgröße	Kameraperspektive	Text bzw. Ton (Stimmung)	Beleuchtung
Carol/ Russell ...	Nah/Halbnah	Normalsicht	Russell! Als du mich geküsst hast.	Führungslicht

Vorschlag 6
Der Wald der eine Million gelben Blumen: Halluzination auf einem Dach?

Textgrundlage: S. 25 („JAKE: Du bist verbannt") – S. 25 („RUSSELL: Schnauze, ihr zwei!")

SPARKLESHARK spielt auf dem Dach eines Hochhauses; allerdings gibt es nicht nur eine Handlung, sondern mindestens zwei: das Zusammentreffen der Jugendlichen und das Fantasy-Märchen. Es wäre durchaus möglich, diese beiden für die Zuschauer erkennbar zu trennen.

- Ist das sinnvoll, damit sie die Handlung besser verstehen?
- Ist das gut, da mehr „Action" die Aufmerksamkeit der Zuschauer unwillkürlich stärker bindet?
- Ist es abzulehnen, weil dadurch der Reiz des Fantasy-Märchens verloren geht?
- Bricht dadurch das Handlungsgerüst auseinander?

Vier Fragen, die für einen Regisseur wichtig sind. Sie zu beantworten ist allerdings nicht leicht.

Arbeitsanweisung

1. Lies die Textstelle.
2. Diskutiert in der Klasse, wie die Mischung aus Fantasy und Wirklichkeit auf der Bühne umgesetzt werden kann.
   Es bieten sich zwei Möglichkeiten:
   a) zwei getrennte Bühnen
      A mit Doppelbesetzung spielen
      B mit einer Gruppe, die zwischen den Bühnen hin- und herwechselt
   b) nur eine Bühne nutzen.
   Welche Vor- und Nachteile bieten die einzelnen Vorschläge?

Vorschlag 7
Spiel oder Wirklichkeit: Wer ist wer im Märchenland?

Textgrundlage: S. 25 „Läuft auf dem Dach herum …") –
S. 29 („… den nächsten – kein bisschen")

Arbeitsanweisung

1. Du kennst sicherlich einige Märchen. Liste „typische“ Figuren auf, die dir einfallen, ohne dass du lange nachdenken musst.
   Erkläre, welche Bedeutung die einzelnen Figuren haben.

___

___

___

___

2. Das Hochhausdach wird in eine Märchenlandschaft umgestaltet, die Jugendlichen „spielen“ Jakes Märchen. Vergleiche: Welche Märchenfiguren kommen hier vor? Welche Eigenschaften, welche Bedeutung haben sie?

____

____

____

____

____

____

3. „Spiel oder Wirklichkeit?“: Überlegt gemeinsam in der Klasse, warum einige Jugendliche einverstanden sind mit den Märchenfiguren, die sie spielen (sollen), andere sich dagegen wehren.

Vorschlag 8
Mensch, sei (k)ein Frosch!

Textgrundlage: S. 27 („JAKE: Also machte sich der Prinz auf die Suche …“) – S. 32 („NATASHA: Ich werde das Ei verfluchen!“)

Arbeitsanweisung

1. Versetze dich in eine der folgenden Personen: Carol, Natasha, Russell oder Shane. Überlege dir, welche Gedanken oder Gefühle diese Personen in oder zur vorliegenden Szene hatten, und schreibe sie auf. Man nennt das **„Inneren Monolog“.**

Eine Schülerin hat daraus folgenden Text gemacht:

Carol: „Natasha hat heute Mittag die Hexe gespielt und sich dabei an Russell rangemacht. Fordert von ihm einen Kuss, wenn sie ihm hilft, die Prinzessin zu bekommen. Die blöde Kuh! Zuerst wollte sie einen Kuss von ihm und dann, als ich dazwischen ging, hat sie mich in ihren Hausfrosch verzaubert. Ich war total genervt und wollte aus dem Spiel aussteigen. Aber Buzz und Speed ging es nicht besser und deshalb habe ich weitergemacht. Im Nachhinein finde ich, es war ganz in Ordnung so, zumal ich Russell dann bei der Suche nach dem Drachenei helfen durfte. Ich habe ihm gesagt, dass ich halt total in ihn verknallt war, aber er, er hat ja immer nach was Besserem gesucht. Und Natasha, der habe ich dann auch mal meine Meinung gesagt, weil sie immer die Überlegene sein will und mich im Spiel zu einem hässlichen Frosch verwandelt hat – nur damit sie Russell für sich allein haben kann. Russell wollte sich mit so „take it easy“-Gewäsch herausreden, von wegen „wir können doch gut zusammenleben“ und so. Aber das zieht bei mir nicht! Jake hat mich dann von der Froschklamotte befreit – und in eine Nachtigall verwandelt. Ehrlich, in dem habe ich mich ziemlich getäuscht: Jake ist echt in Ordnung!“

2. Beurteile den Aufsatz!
   Schreibe dann selbst einen Inneren Monolog, in dem sich **dein** Textverständnis ausdrückt. Suche dir dafür eine Figur aus, die du gerne spielen würdest.

3. Besonders interessant ist es, wenn ihr einzelne Innere Monologe in den Originaltext montiert. Voraussetzung ist allerdings, dass ihr verschiedene Figuren bearbeitet habt. Geht folgendermaßen vor: 7 Schülerinnen bzw. Schüler lesen – möglichst ausdrucksstark – die Szene; an den passenden Stellen setzen die Verfasser ihre „Inneren Monologe“ ein.
   Führt das Ganze möglichst mindestens zweimal durch.
   Die Schülerinnen und Schüler, die zugehört haben, melden zurück, wie die „Montagen“ auf sie gewirkt haben: War es z. B. wichtig, dass der Monolog, der Carol oder Natasha zugeschrieben worden war, von Schülerinnen gelesen wurde?

Vorschlag 9
Wir setzen uns „in Szene"

Szenen erarbeiten

Texte wie SPARKLESHARK werden geschrieben, nicht um (nur) gelesen, sondern um aufgeführt zu werden.
Damit ihr Lust bekommt, einzelne Szenen zu spielen, und die Arbeit auch erfolgreich wird, haben wir einige „Vorübungen" zusammengestellt; sie enthalten neben praktischen Anleitungen auch allgemeine Informationen, die für die Theaterarbeit wichtig sind. Falls du dich darüber hinaus allgemein für Szenisches Spiel interessierst, findest du einige Hinweise im Literaturverzeichnis auf S. 68.

A Nicht nur wer spricht, spricht!

Diese Aussage mag auf den ersten Blick unsinnig erscheinen, aber über Körpersprache, sozusagen die Sprache ohne Worte, werden genauso Informationen zwischen Menschen vermittelt wie durch Worte. Es gibt viele „Transportwege": z. B. Blickkontakt, Gesichtsausdruck (Mimik), Gestik, Körperhaltung, Merkmale der Stimme wie Lautstärke, Stimmlage, Klang(-farbe), Sprechtempo, Pausen.
Dass es zwischen Menschen, die miteinander reden, bisweilen zu Missverständnissen kommen kann, ist dir sicherlich bekannt, wahrscheinlich hast du es auch schon selbst erlebt. Auf der Ebene der Körpersprache sind Missverständnisse grundsätzlich immer möglich! Denn sie ist viel weniger eindeutig als die Sprache mit Worten.

Arbeitsanweisung

1. Ob dies stimmt, kannst du leicht prüfen an folgenden Beispielen: Vergleiche deine Reaktion mit den hier vorgegebenen:

Wenn plötzlich der Sprechende oder Hörende	dann kann dies bedeuten:
die Stirn runzelt	Entrüstung, Kritik
sich auf die Lippen beißt	nachdenklich, Zeit gewinnen, Unsicherheit
die Arme verschränkt	Ablehnung, verschlossen, Schutz suchen, Angst; aber auch: Frieren
die Hand in die Hosentasche steckt	Entspannung oder Arroganz
die Hand zur Faust verkrampft	Angriff, Wut, Anklage
mit den Füßen im Stehen wippt	Arroganz, Sicherheit

2. Sieh dir gemeinsam mit Freunden einen kurzen Ausschnitt aus einer Talkshow oder einer Diskussionsrunde – ohne Ton – an, die ihr auf ein Videoband aufgenommen habt. Notiert euch – jeder für sich – die körpersprachlichen „Signale“, die euch auffallen, und ihre „Botschaften“. Vergleicht anschließend eure Ergebnisse.

3. Schau dir die folgenden Bilder an, die Schauspieler des Hessischen Landestheaters Marburg in der Inszenierung von SPARKLESHARK zeigen.
   Schreibe auf, welche Botschaften du wahrnimmst und welche Signale dafür verantwortlich sind.
   Überlege, welche Szenen aus SPARKLESHARK hier gezeigt werden.

Von links nach rechts: Speed, Natasha, Shane, Polly, Finn

Von links nach rechts: Shane, Natasha, Lynn/Carol, Buzz, Russell, Jake

B „Warming up“ mit Comedy

Du stellst deine Qualität als Vertreter dann am besten unter Beweis, wenn du jemandem etwas verkaufst, das er überhaupt nicht gebrauchen kann. Zwei Spielerinnen bzw. Spieler werden zu *Vertreter* und *Kunde* ernannt. „Gesprächsgegenstand“ ist ein möglichst sinnloses Produkt: Das kann alles Fantastische zwischen Tonleiterständer, Eierformer, Duschhaubenschützer und Zahnstocheranspitzer usw. sein. Der *Vertreter* soll den *Kunden* von der Notwendigkeit, diesen Gegenstand zu kaufen, irgendwie überzeugen. Die Zuschauer erhalten Beobachtungsfragen, z. B.: Wie spricht der Vertreter mit dem Kunden bzw. der Kundin? Welche Argumente benutzt der Vertreter? Welche Körperhaltungen nehmen Kunde und Vertreter ein? Wie ist die Stimmung in der Verhandlung? Welcher Sprecher erscheint stärker? Usw.
Interessant ist diese Übung, wenn mehrere Tandems den gleichen Arbeitsauftrag bekommen und somit die Unterschiede in ihren „Inszenierungen“ herausgearbeitet werden können.

C Eine Szene exemplarisch erarbeiten und spielen

Textgrundlage S. 32 („NATASHA: es ist noch nicht vorbei!“) –
S. 37 („ALLE: (skandieren) Sparkleshark! …“)

Arbeitsanweisung

1. Bildet Zehnergruppen (9 Schauspielerinnen bzw. Schauspieler und ein Regisseur) und einigt euch, wer welche Rolle übernimmt.

2. Jedes Gruppenmitglied erarbeitet nochmals den gesamten Text. Achtet darauf, inwiefern die Handlungen, die in der „Wirklichkeit“ (auf dem Hochhausdach) spielen, sich von denen des „Märchens“ unterscheiden. Streicht im Text an, wo Übergänge oder Bruchstellen zu erkennen sind.

3. Erarbeitet die Szene so sorgfältig, dass ihr sie spielen könnt.

Inszenieren erfordert Fantasie und Improvisationsgeschick, wie hier zu sehen ist: Probe in der Klasse 8 R b der Ohmtalschule Homberg.

4. Wenn du Zuschauer bist, musst du die Inszenierungen genau beobachten, damit du sie später beurteilen kannst.

Lege dir dafür einen Bogen nach folgendem Muster an: Für jede Figur muss eine Spalte vorhanden sein; die Beurteilungskriterien bestimmt ihr gemeinsam vor der ersten Inszenierung.

Figur/ Kriterium	**Polly**	**Natasha**	**Carol**	**Jake**	**...**
Sprechen: Z. B. laut – leise; verständlich – undeutlich; ausdrucksvoll – monoton; langsam – schnell; Hochdeutsch – Dialekt					
Bewegungen/ Körpersprache (Gestik, Mimik): Z. B. unterstützen die Worte – sind im Widerspruch dazu; große Bewegungen – kleine Bewegungen, schnelle – langsame; wirken natürlich – künstlich					
Zusammenspiel mit anderen Figuren:					
...					

5. Nach der letzten Inszenierung vergleichst du anhand deiner Aufzeichnungen die Leistungen der einzelnen Gruppen bzw. „Schauspieler“.
   Dann setzen sich alle Beobachter zusammen: Ihr diskutiert eure Ergebnisse und trefft eine gemeinsame Wertung. Ihr müsst sie den Gruppen mitteilen und begründen.

Vorschlag 10
Es kann viel passieren!

Auf der Suche nach einem „passenden“ Ende

*Textgrundlage S. 32 („NATASHA: Es ist noch nicht vorbei!“) –
S. 37 („ALLE: (skandieren) Sparkleshark! …“)*

Arbeitsanleitung

In Jakes Märchen wird Hochzeit gefeiert. Das Ende? Nein! Aber hier bietet sich ein Rückblick an:

1. Befasst euch gemeinsam nochmals mit euren „Plot“-Plakaten: Welche Elemente habt ihr in SPARKLESHARK „wieder gefunden“, welche nicht?

2. Tauscht eure Meinungen über die (bisherige) Handlung von SPARKLESHARK aus: Was gefällt euch gut, was nicht? Ist die Handlung, sind die Figuren stimmig oder sind euch Brüche, Widersprüche aufgefallen, erscheint euch irgendetwas merkwürdig oder unlogisch?

   Die „Unterbrechung“ könnt ihr nutzen um „nach vorne zu schauen“: Was wird noch passieren in SPARKLESHARK? Wie geht das Märchen, wie „die Geschichte“ auf dem Hochhausdach aus?

3. Lies den Text S. 32–37. Suche Hinweise darauf, wie die Geschichte enden wird, und notiere sie hier:

____

____

____

____

____

4. Setzt euch in Gruppen zusammen und denkt euch ein Ende für SPARKLESHARK aus, das zu der bisherigen Handlung passt: Es kann ein überraschendes Ende sein, ein trauriges, ein fröhliches, ein lehrhaftes, ein offenes Ende usw.

5. Stellt eure Vorschläge der Klasse vor.
   Und in häuslicher Lektüre vergleicht ihr sie mit dem Original (S. 37–42).

Vorschlag 11
Sich kritisch mit einer Drehbuch-Vorlage auseinander setzen

Einen Leserbrief an den Autor schreiben

Du hast dich mit SPARKLESHARK intensiv beschäftigt, eigene Ideen entwickelt zur Handlung bzw. zu den einzelnen Figuren. Und du hast dir eine Meinung über das Stück gebildet. Sie schriftlich zu fassen ist Ziel der folgenden Aufgabe: Du schreibst einen fiktiven Leserbrief an Philip Ridley.

Arbeitsanweisung

1. Setze dich in dem Leserbrief kritisch mit SPARKLESHARK auseinander: Schreibe, was du gut, schlecht, unverständlich, sehr gelungen usw. findest, und begründe dies, indem du dich auf einzelne Textstellen beziehst.
   Was könntest du im Einzelnen ansprechen: Thema, Handlung, Personen/Figuren und ihre Charaktere bzw. ihr Verhalten, deine Reaktion auf, deine Meinung zu SPARKLESHARK, Vermutungen über „Aussagen" des Stücks – wie du es verstanden hast.

Ein Urteil wirkt überzeugender, wenn es sich nicht auf Vermutungen stützt, sondern auf Kenntnisse. Deshalb solltet ihr euch über den Autor und sein Werk informieren, bevor ihr die Leserbriefe schreibt: Wo lebt Philip Ridley? Was schreibt er? Mit welchen Themen befasst er sich in seinen Büchern? Welche „Botschaften" will er mit ihnen vermitteln?

2. Teilt dazu die Klasse in zwei möglichst gleich große Gruppen. Die eine Gruppe liest die *Informationen zum Autor Philip Ridley und Text A;* die andere Gruppe liest die *Informationen und Text B.* Jeder notiert sich die wichtigsten Aussagen seines Texts, und zwar so, dass er diese in ca. fünf Minuten referieren kann.

3. Die Gruppe mit *Text A* bildet einen Außenkreis und die Gruppe mit *Text B* setzt sich ihr als Innenkreis gegenüber. Diejenigen, die im Außenkreis sitzen, referieren ihrem Gegenüber und hören anschließend diesem zu.

4. Dann rückt der Innenkreis 2 Stühle weiter (rechts); das geschilderte Verfahren wiederholt sich mit neuen Partnern im Außen- und Innenkreis.

Informationen zum Autor Philip Ridley

Philip Ridley wurde 1964* im East End von London geboren, wo er auch heute noch lebt. Seit seinem Studium an der St. Martin's School of Art ist seine Arbeit als bildender Künstler in Europa, New York und Japan ausgestellt worden. Er ist der Autor von Romanen, Hörspielen und mehrfach ausgezeichneten Kinderbüchern (DAKOTA PINK, KASPER UND DER GLITZERKÖNIG; KRINDELKRAX und DER METEORITENLÖFFEL sind in deutscher Sprache in der Fischer Schatzinsel erschienen). 1998 wurden bereits zwei Dramatisierungen von DAKOTA PINK an deutschen Bühnen erfolgreich aufgeführt. Eine Dramatisierung von DER METEORITENLÖFFEL liegt ebenfalls vor.
Auf Ridleys Arbeit als Drehbuchautor des preisgekrönten Films THE KRAYS (1990) folgte der Film THE REFLECTING SKIN (1990, Buch und Regie), der zahlreiche internationale Preise erhielt. Sein zweiter Film als Autor und Regisseur war THE PASSION OF DARKLY NOON (1994).
Für die Bühne hat der Autor drei Stücke verfasst: DER DISNEY KILLER (1991), das an deutschen Bühnen mehr als 40 Inszenierungen erlebt hat, DIE SCHNELLSTE UHR IM UNIVERSUM (1992) und GEIST AUS DER BLÜTEZEIT (1994). SPARKLESHARK, sein erstes Kinderstück, wurde 1997 in London uraufgeführt. Es bildet eine Trilogie (= dreiteilige Geschichte) zusammen mit FAIRYTALE HEART und APOCALYPTICA, die beide 1998 am Hampstead Theatre ihre Uraufführung erlebten.

* Nach Angaben des Börsenblatts (Nr. 74, Sep. 1996, S. 159) wurde Philip Ridley am 29. Dezember 1963 geboren.

A Helden sind anders

Baseballkappe, Schirm über der Stirn, modisch gekappte Koteletten, Drei-Tage-Bart, leicht blau geschminkte Lider. Gepflegte dunkle Brauen über freundlichen Augen. Philip Ridley sitzt mir gegenüber in seinem Stammcafé im Londoner Westend. Dabei ist der Schriftsteller eigentlich ein echter „East-End-Boy“. Dort in Londons Osten, wo die Arbeiter leben, wo ein buntes Völkergemisch die Atmosphäre bestimmt, [...] lebt, arbeitet er. [...]
Bei Earl Grey und Croissant erzählt er Geschichten von sich. Erfundene habe er schon seit seinem sechsten Lebensjahr erzählt. Sein drei Jahre jüngerer Bruder, mit dem er das Zimmer teilte, konnte abends schwer einschlafen, fürchtete sich: „Also habe ich ihn mit meinen Geschichten in den Schlaf gewiegt. Wenn mir nichts mehr einfällt, muss ich vielleicht auf sie zurückgreifen.“ [...] Ideenspender, sagt er, sei für ihn vor allem das, „was ich sehe, meine eigene Erfahrung. Beim Schreiben fühle ich mich fast wie in einem Traum. Woher kommen Traumbilder? Sie sind einfach da, wenn wir die Augen schließen.“ [...]
Ridley verwandelt die scheinbar triste Welt in ein farbiges Reich voller Abenteuer und Humor: „In den Büchern versuche ich diesen realen Lebenslagen etwas Zauberhaftes zu verleihen. Ich möchte wahrhaftige, zeitgemäße Grimm-Märchen kreieren [d. h. erschaffen]. Heute romantisieren wir die alten Märchen. Die Original-Helden sind einfache Menschen, Handwerker, die in armseligen Dörfern leben.“ Seine jungen Leser reagieren darauf. Er bekomme Briefe aus allen möglichen Ländern, auch aus Deutschland, in denen die Schreiber Bezug auf den Handlungsort nehmen, sich in Relation [d. h. Beziehung] dazu setzen. Die Fanpost kommt von Jungen und Mädchen. Ridley findet das prima, der Held, der Prinz muss schließlich nicht immer ein Mann sein. [...]
„Solange ich denken kann, habe ich Geschichten erzählt. Manchmal nehmen sie andere Gestalt an, werden ein Kinderbuch, ein Bühnenstück oder ein Bild. Es bleibt eine Geschichte, die ich erzähle.“ Kindern möchte er mit seinen Büchern ein Gefühl der Geborgenheit vermitteln, „ihnen inneren Reichtum schenken, sodass er oder sie in einem leeren Raum sitzen kann, allein, doch nicht einsam ist. [...]“ *Catrin zu Stolberg*

B Sei tapfer, mein Küken, sei tapfer

Philip Ridley? Noch nie gehört. Diese Antwort wird man von den meisten deutschen Lesern und Kulturinteressierten bekommen. Das ist sehr schade. Denn der Engländer, der wahrscheinlich 1960 im Londoner East End geboren wurde, gilt als künstlerisches Multitalent und ist hochinteressant. Bis 1984 hat er Malerei an der St. Martin's School of Art studiert und viel beachtete Bilder geschaffen. Er schreibt Romane, Hörspiele, Filmdrehbücher, Theaterstücke und last, not least – Kinderbücher. [...]
Ridleys Hauptpersonen sind moderne Wiedergeburten von Huckleberry Finn. Ganz einsame Kindergestalten, deren heruntergekommene und in miesen Verhältnissen lebende Eltern meist unfähig sind, sich um ihre Kinder zu kümmern, weil sie mit ihren eigenen Problemen beschäftigt sind. Am treffendsten vielleicht die Überzeichnung von Dakota Pinks Mutter Lucy: An dem Tag, an dem ihr Mann sie verlässt, sinkt sie in einen Sessel, um niemals mehr aufzustehen. [...] Trotz solcher Umstände geben gerade die rotzfreche Dakota, aber auch Robert aus Krindelkrax sowie das Geschwisterpaar Filly und Fergal aus dem Meteoritenlöffel keineswegs traurige oder deprimierende Figuren ab. [...] Die letzte Szene im Meteoritenlöffel mag als programmatisch für Ridleys Bücher gelten: „Vielleicht treffe ich auch mal ein Kind, wie ich es war", sagt Fergal zu Filly, „ein Kind, dessen Eltern sich die ganze Zeit streiten. Und weißt du, was ich ihm dann sagen werde, Schwesterherz?" „Was, Bruderherz?" „Sei tapfer, mein Küken, sei tapfer." [...]
Ridley ist mittlerweile ein Meister darin geworden, die Gefühle seiner Gestalten unter der Oberfläche brodeln zu lassen, ihre Verletzbarkeit sichtbar zu machen, aber nicht auszusprechen. Dadurch wird der Leser unmittelbar davon berührt und kann sich den Geschichten kaum entziehen. [...] Aber die Kids werden auch von seinem Sprachwitz begeistert sein. [...]

Stephanie von Selchow

Vorschlag 12
Manchmal knistert's ganz schön!
Den Spannungsverlauf untersuchen

Wie verläuft der Spannungsbogen in der SPARKLESHARK-Handlung? Das zu verdeutlichen hilft dir folgende „Übernahme" aus dem Mathematik-Unterricht.

Arbeitsanweisung

1. Übertrage das hier abgebildete Koordinatensystem auf ein DIN-A4-Blatt (blanko, kariert; Querformat).

2. Lies nach, was sich in den einzelnen Abschnitten ereignet. Formuliere dann zu jedem eine „Überschrift“, die du unter die entsprechenden Seitenzahlen schreibst.

3. Bist du mit der vorgegebenen Aufteilung einverstanden? Prüfe, ob es möglich ist, den Text anders aufzuteilen. Würde das den Handlungszusammenhang verändern?

4. Versuche den Verlauf der Spannung wie eine „Fieberkurve“ aufzuzeichnen. Beachte: Beginnt die Kurve am „Nullpunkt“? Wo gibt es „Wendepunkte“? Wo ist der Höhepunkt? Wie entwickelt sich die Spannung in der Schlussphase des Stücks?

5. Kopiert mehrere Vorschläge auf Overhead-Folien und stellt sie in der Klasse vor. Erläutert, vergleicht und diskutiert die einzelnen Kurven.

6. Stellt euch vor, ihr wollt das Stück inszenieren. Allerdings wäre das gesamte Stück zu umfangreich, ihr müsst kürzen. Diskutiert, welche Szenen gespielt werden sollen, welche gestrichen werden können. Berücksichtigt bei eurer Argumentation, dass der Spannungsverlauf von SPARKLESHARK nicht verändert werden darf (Kurve!).

7. Viele Theaterstücke sind in einzelne Szenen oder Akte eingeteilt; als Zuschauer erkennt ihr das daran, dass der Bühnenvorhang zugezogen oder das Bühnenlicht verdunkelt wird.
   Sprecht in der Klasse darüber, ob solche „Einschnitte“ hier sinnvoll wären – und wenn ja, wo im Text.

Literaturhinweise

Kunz, Marcel: Spieltext und Textspiel. Kallmeyersche Verlagsbuchhandlung, Seelze-Velber 1997
Praxis Deutsch 166/2001 (Spielszenen). Friedrich, Seelze
Schau, Albrecht: Szenisches Interpretieren im Unterricht. Klett, Stuttgart 1991
Scheller, Ingo: Szenisches Spiel. Cornelsen Scriptor, Berlin 1998
Thiesen, Peter: Camelbert und Cole Dosa. Beltz, Weinheim/Basel 2000
Ders.: Schlapplachtheater. Beltz, Weinheim/Basel 1999
Waegner, Heinrich: Theaterwerkstatt. Klett, Stuttgart 1994

Textquellenverzeichnis

S. 43: Beate Jänicke: Drache zähmt Chaoten. Aus: Kieler Nachrichten vom 21. 2. 2000, S. 22 (gekürzt)
S. 56: Tabelle aus: Marita Pabst-Weinschenk: Die Sprechwerkstatt. Westermann, Braunschweig 2000, S. 33f.
S. 58: Vorschlag nach: Peter Thiesen: Schlapplachtheater. Beltz-Verlag, Weinheim 1999, S. 33f.
S. 63: Informationen zum Autor Philip Ridley. Aus: Pressedienst des S. Fischer Verlags, Frankfurt/M. 2000
S. 64: Catrin zu Stolberg: Helden sind anders. Aus: Börsenblatt 74/13, September 1996, S. 158–160
S. 65: Stephanie von Selchow: Sei tapfer, mein Küken, sei tapfer. Aus: Bulletin & Literatur 5/1996, S. 21f.

Bildnachweis

S. 47, 50, 59: Fotos: © Karin Tatsch, Homberg/Ohm
S. 57: Szenenfotos „Sparkleshark“: © Hessisches Landestheater Marburg GmbH (Jugendtheatergruppe). Fotos: Kristina Lieschke

Weitere „Werkstatt Literatur"-Hefte zum produktiven Umgang mit Texten und Themen

Joachim Fritzsche:

Schreibwerkstatt

Schreibaufgaben, -übungen, -spiele

Klasse 5–10
Vielfältige Anregungen zum kreativen Schreiben: 35 Aufgaben und Spiele laden zum Entwerfen von Geschichten und Gedichten ein. Methodisch-didaktische Erläuterungen geben Orientierungen für den Einsatz im Unterricht; Beispieltexte von Schülern illustrieren den möglichen Erwartungshorizont.

Klettbuch 30 635

Alexander Bertsch/Hartmut Merkt:

Verseschmiede – Spielerischer Umgang mit Gedichten

Klasse 5–7
Bei dieser Einführung in die Verslehre steht – im Gegensatz zur traditionellen analytischen Gedichtbetrachtung – das eigene Verseschmieden im Vordergrund. Eine lustige Story führt durch den Kursus.

Klettbuch 30 622

Albrecht Schau:

Szenisches Interpretieren im Unterricht

Klasse 5–10
Mit Literatur einmal anders umgehen. Gedichte, Erzählungen und andere Texte erschließen und verstehen, indem die Texte „in Szene gesetzt" werden.

Klettbuch 30 637

Ingo Scheller:

Friedrich Schillers „Wilhelm Tell" – szenisch interpretiert

Ab Klasse 8
Der Band enthält den vollständigen Text und macht zahlreiche Vorschläge, wie dieses Drama mit Mitteln des szenischen Spiels interpretiert werden kann. Er stellt anschauliches Bild- und Textmaterial für das Verstehen historischer Hintergründe zur Verfügung und skizziert detailliert, wie sich Schülerinnen und Schüler durch Rollenschreiben, Rollengespräche, Standbilder, Szenisches Lesen und Szenisches Spiel einen Zugang erarbeiten können.

Klettbuch 30 638

Angelika Kriege-Endell:

Balladen – hören, spielen, verstehen

Ab Klasse 7
Inhaltlich und formal wird das Spektrum von der klassischen Ballade bis zu Balladenvarianten moderner Liedermacher abgedeckt. Unterschiedliche Vorgehensweisen und Interpretationshilfen in einer beeindruckenden Methodenvielfalt.

Klettbuch 30 628
Hörspielkassette, 38 min.
Klettnr. 30 6281

Bolko Bullerdiek:

Einmischungen

Anregungen zu einem produktiven Umgang mit Lyrik und kurzer Prosa

Ab Klasse 9
Hier geht es darum, an repräsentativen Beispielen die Vielfalt literarischer Ausdrucksformen zu erkennen. Zahlreiche Methoden werden gezeigt, die durch den spielerischen Umgang mit dem Wort ermutigen, selbst zu schreiben, literarische Vorlagen umzugestalten oder zu variieren.

Klettbuch 30 624

Yvonne Dettmer/Hans-Dieter List:

sagenhaft

Sagen auf der Spur – lesend, gestaltend, inszenierend

Ab Klasse 5
Neugierig machen auf Sagen aus verschiedenen Regionen Deutschlands: Das Heft bietet vielfältige Anregungen kreativ-handelnd mit Sagentexten umzugehen. Aufgabenkarten und Infobögen zum Kopieren und Ausschneiden laden zur Freiarbeit ein.

Klettbuch 30 645

Christina Dieterle/Ute-Ena Iaconis:

„Und keiner schaut hin"

Szenische Zugänge zu Texten über Gewalt

Ab Klasse 7
Wie man sich dem Thema Gewalt ichnah, handlungsorientiert und szenisch deutend nähern kann, wird in diesem Heft an einer Auswahl von unterschiedlichsten Texten und Bildern aufgezeigt. Praktische Übungen zur szenischen Interpretation und zum kreativen Schreiben berücksichtigen die Perspektiven von Opfer, Täter und Zeugen und auch eigene Erfahrungen. Szenisches Spiel selbst kann Beispiel sein für einen gewaltfreien Umgang miteinander, denn es ist nur möglich durch Kooperation, Konsensfähigkeit und den Einsatz für das gemeinsame Ziel.
Das Heft eignet sich für fächerverbindenden Unterricht (Ethik, Religion, Darstellendes Spiel) im Rahmen von Werteerziehung.

Klettbuch 30 646

Reiner Endele:

„Michael Kohlhaas" – ein Projekt im Deutschunterricht

Ab Klasse 10/11
Dieses Projekt wendet gestaltendes Interpretieren ganzheitlich und durchgängig auch auf eine klassische Lektüre an. Teamorientiert und selbst gestaltend erarbeiten die Schülerinnen und Schüler eine fiktive journalistische Dokumentation zu Kleists „Michael Kohlhaas" (z. B. in Form von Zeitungsberichten, Kommentaren, Briefen, Tagebucheinträgen, Dialogen, Reden).

Klettbuch 30 650

Joachim Fritzsche:

Rätselwerkstatt

Vom Buchstabenrätsel bis zum Rätselkrimi

Ab Klasse 5
Die „Rätselwerkstatt" zeigt, welche vielfältigen Lernmöglichkeiten in unterschiedlichen Rätselarten stecken, vom „Buchstabenrätsel" über „Scharade", „Rebus" und „Heiteres Personenraten" bis hin zu „Rätselkrimis", „Rätselhaften Fabeln" und „Gedichterätseln". Dabei geht es erst in zweiter Linie um das Lösen, in erster Linie aber um das Erstellen der Rätsel. Im Schülerteil wird das selbstständige Anfertigen der Rätsel kleinschrittig angeleitet, im Anhang finden sich didaktische Hinweise, Varianten und Beispiele von Schülern.

Klettbuch 30 648

Frank Schramm/Wolfgang Tietze/ Elke Toubartz:

zap zoom boom

Unterhaltung im Fernsehen

Ab Klasse 9
Das Fernsehen der 90er-Jahre ist mehr denn je Unterhaltungsmedium und es umwirbt vor allem die Jugend. Lebendige Quellen, viele Fotos und abwechslungsreiche Aufgaben und Aktionen ermöglichen eine ebenso kritische wie spannende Auseinandersetzung mit dem Medium Fernsehen, das längst auch Sozialisationsinstanz geworden ist.

Klettbuch 30647

Wolfgang Tietze/Elke Toubartz:

mails and more

Computer und Internet

Ab Klasse 9
Computer und Internet bilden inzwischen die Grundlagen unserer Informationsgesellschaft und sind Wissens- und Erfahrungsmedium, das Jugendliche auch in ihrer Freizeit nutzen. So will – neben dem Erwerb von technischen Fähigkeiten – der reflektierte, sozialkommunikative Umgang damit gelernt sein.
Computerspiele, Surfen und Chatten, Musik und neue Einkaufswelt, Onlinesucht oder Jugendschutz sowie die Recherche im Netz gehören zu den Themen dieses Heftes. Anschauliche Texte, Materialien und Projektanregungen für den Unterricht (mit und ohne PC) geben vielfältige Einblicke in Funktion und Bedeutung virtueller Welten.

Klettbuch 30651